攬翠

永寶齋藏龍泉瓷精品

翟健民 著

文物出版社

圖書在版編目（CIP）數據

攬翠：永寶齋藏龍泉瓷精品 / 翟健民著．-- 北京：文物出版社，2024.1

ISBN 978-7-5010-8314-5

Ⅰ．①攬… Ⅱ．①翟… Ⅲ．①龍泉窑－瓷器（考古）－鑒賞－中國 Ⅳ．① K876.3

中國國家版本館 CIP 數據核字 (2024) 第 001750 號

攬翠

永寶齋藏龍泉瓷精品

翟健民 著

出　　品　北京九如永寶文化有限公司

編 委 會　秦大樹　翟健民　劉惠芳
　　　　　董紅軍　朱光霽　袁　建　馮義鵬　翟凱東　項坤鵬

編　　務　肖　鶱　曾誠臣　段佳麗　徐凱亮　陳幸妍　鄒灝欣　鄭子滔

書籍設計　一朋設計工作室

攝　　影　王梓川

責任編輯　張小舟

責任印製　張道奇

出版發行　文物出版社

社　　址　北京市東城區東直門内北小街 2 號樓

郵　　編　100007

網　　址　Http：// www.wenwu.com

經　　銷　新華書店

印　　製　北京富誠彩色印刷有限公司

開　　本　787mm × 1092mm　1/8

印　　張　39

版　　次　2024 年 1 月第 1 版

印　　次　2024 年 1 月第 1 次印刷

書　　號　ISBN 978-7-5010-8314-5

定　　價　860 圓

序言

翟健民

我這一輩子究竟見過多少瓷器，已經不記得了。在我眼中，過手的每一件瓷器，都是閃爍在大地上的精靈。它們跟人一樣，也有自己的性格和體態。有的小而圓潤，俏皮可愛；也有的高而挺拔，神清骨秀，是雍容富貴的美人，又是風度翩翩的君子。它們從歷史中走來，閱盡了無數富商大賈、市井流民，任憑歲月如何變化，它們從來都是寵辱不驚，安静地看着每一位過往的人。古董似乎有股神奇的力量，時間對於它們來説是無解的，這可能是爲什麼人們習慣稱之爲「寶貝」的原因吧！

我對龍泉的喜愛並不是因爲經常接觸古玩而慢慢産生的情愫，而是因爲對其美麗的釉色「一見鍾情」。二十世紀八十年代初，我在好朋友沈先生那裏看到一隻龍泉窑青瓷碗，水靈靈的釉水宛如神物，對於當時經常接觸明清瓷器的我來説，一下子被它的神韵吸引到了。經過我不斷地懇求，最終沈先生好心讓給了我這隻龍泉碗，那是我第一次擁有龍泉窑的器物。我對龍泉窑的了解並不够深，此後，衹要一有閑暇時間就請教周圍的老師和朋友，並且翻閱資料進行深入學習，慢慢地對於龍泉窑的喜愛越來越深，從此「一入宫門深似海」，開啓了我漫長的龍泉收藏之路。

幾十年間，我陸陸續續有幸地收藏了數百件龍泉青瓷。最開始的時候，我的目光僅僅放在南宋時期精美的器物上，追求少而精，但慢慢地發現龍泉窑也有很多有意思的器物，或者以紋飾取勝，又或者是以造型取勝。就這樣，我收藏的龍泉器物品類越來越豐富，涵蓋了各個年代、各種器型，逐漸形成了體系，但是龍泉窑有着上千年的生産歷史，内涵實在是太豐富，我的這些藏品對於龍泉窑來説還衹是滄海一粟，所以對於我來説，學習和收藏是永無止境的，我也一直在路上。

如今，我將幾十年的收獲集印成書，書中的每一件器物都曾是我在茫茫大海中挑選出的摯愛，這過程中夾雜了無數的酸甜苦辣，每一件器物背後都有不一樣的故事，當我翻看這本書時，一個又一個片段在我腦海中閃現，像走馬燈一樣，重複着當年的情景，令人回味無窮。現將我的所獲與大家一起分享，希望讀者皆有所得。

是爲序。

二〇二三年二月二十八日 書於香港永寶齋

前言

龍泉窯的研究與鑒賞

秦大樹　北京大學考古文博學院

龍泉窯是中國古代青瓷生產發展到後期階段的傑出代表，也是青瓷生產空前絕後的一個高峰。晚唐、五代時期，龍泉地區已經出現生產青瓷的窯場，也有學者根據出土器物及一些窯址的調查、發掘資料，主張龍泉窯創燒於南朝甚至更早到三國晉代[壹]。但無論從哪個方面說，這時在龍泉區域內生產的青瓷應是在越窯和婺州窯影響下小規模生產的青瓷窯場，在諸多方面與越窯的面貌相似，尚未形成明顯的自身特色，不能作爲龍泉窯的「鼻祖」。北宋後期，龍泉窯逐漸發展爲當時瓷器生產中具有舉足輕重地位的生產傳統。南宋時，龍泉窯得到了極大的發展，尤其是南宋後期廣泛採用厚釉工藝，產品的釉質肥潤，釉色純美；最晚到元代，已經生產出了青翠欲滴的梅子青釉產品，代表了中國古代青瓷生產的最高水平。此後，龍泉窯的生產日益繁榮，歷元代到明代初期，達到了其生產的頂峰時期，直到明代中期以後才漸行式微，但區域內的青瓷生產一直延續到清代後期[貳]，領中國古代青瓷生產之風騷近千年。龍泉窯窯場衆多，產量巨大，其產品在國內發現的範圍和數量之大，同期的其他窯口無出其右。同時，龍泉窯還是中國古代海上貿易船貨中的最重要的產品之一。約從十二世紀始，龍泉窯的產品就在外銷中占據了重要的地位，深受東亞諸國民衆的喜愛，同時又是從南中國海到環印度洋貿易圈各國最喜愛的產品，在大航海時期以前是外銷瓷器中最受珍視的，也是數量最多、影響最大的品類，成爲研究世界文明史的重要資料。英文的「青瓷」稱爲Celadon，就是得名自龍泉瓷器。因此，龍泉窯在中國古代瓷器發展史和世界文明史中都占有無法取代的重要地位，成爲研究者不懈探索與關注，愛好者恒久青睞與讚美的重要瓷窯。

壹、龍泉窯的地理概況與窯場分布

龍泉窯在宋元時期的各個窯口中窯址數量最多，據不完全統計，其窯址數量達到五百個左右，分布在浙江省南部到福建省北部一個很大的範圍內。這裏處於武夷山脉的低山丘陵地區，地勢西南高，東北低，氣候濕潤多雨，溪流密布，峰巒起伏，林木豐茂，又有製瓷所需的豐富礦產資源，這些要素構成了非常適合窯業生產的自然環境，孕育了規模宏大的瓷器生產基地。

理想的水利資源是古代窯場得以持續發展的必要條件。水量充沛的河流不僅可以提供動力，用於原料的粉碎、淘洗等生產環節，還是產品外運銷售的命脉。龍泉窑分布區大概占據了甌江、閩江兩大流域，這兩條河流均水量充沛，並且比較接近入海口。龍泉窑在南宋、元時期的繁盛得益於其廣闊國内外市場的推動。甌江沿岸分布着龍泉窑的主産區，這條縱貫浙江南部的河流，使得龍泉窑的産品可以一路順流直下，抵達出海口運銷海内外。甌江發源於慶元，流經龍泉、雲和、麗水，與遂昌縣的松陽溪、縉雲縣的好溪匯合，折向東南的青田、永嘉，從温州灣入海。甌江沿綫低山環繞，溪流縱横，竹木茂盛，具備製瓷的有利條件。於是沿江兩岸窑場林立，慶元、龍泉、雲和、麗水、松陽、景寧、武義、遂昌、泰順、文成、縉雲、青田、永嘉等縣市都是龍泉青瓷的産區，以龍泉、慶元、雲和、麗水窑場分布最爲集中。其中，龍泉以其得天獨厚的瓷土、紫金土資源和林木資源以及適宜建窑的山巒丘陵地貌，成爲瓷業開創最早、窑場最多、産品質量最高的地區，故甌江流域的青瓷一般以「龍泉青瓷」命名。慶元境内的竹口溪等河流屬閩江水系，其流域内也分布着衆多的大小瓷窑，窑業生産至少可以上溯到晚唐時期，並相沿不斷，明代中後期則成爲青瓷生産的中心區域。同時，閩江也是龍泉青瓷外運的一條主要通道，尤其在龍泉窑的外銷方面，福州可能是比温州更重要的出海口。閩江流域這些瓷窑生産的精美青瓷，是龍泉青瓷的重要組成部分。

在瓷窑遺迹最爲集中的區域今龍泉市，人們按照窑址的集中程度，又進一步將其分爲南區和東區兩大産區。這兩個地區也是迄今爲止龍泉窑的考古工作集中開展的地區，研究得也最爲深入。

龍泉南區：是指龍泉縣城以南的小梅、查田、蘭巨、劍池四個鄉鎮二十三個行政村的地域，共有窑址一八七處。其中以「大窑龍泉窑遺址」命名的國家重點文物保護單位包括了一五五處窑址，是龍泉窑主要生産時期的中心産區，集中代表了龍泉窑生産的最高水平。大窑、金村和溪口爲南區最爲重要的三個窑址群，此外，垟岙頭、高際頭和上墩也分布着幾處到十幾處窑址（圖一）[叁]。南區是龍泉窑産品質量最高的區域，明代中期以前也一直是龍泉窑的核心生産區域。

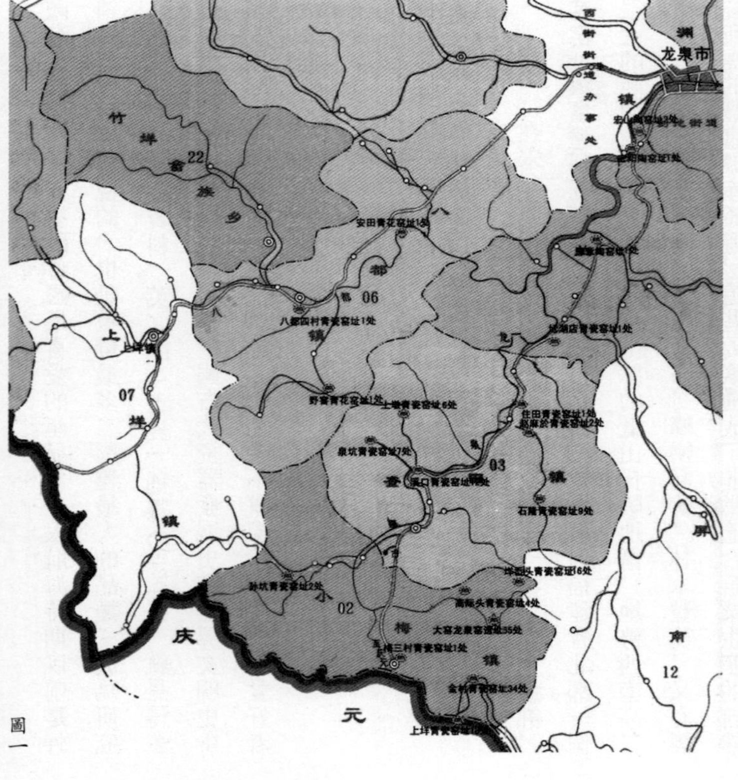

圖一

其中大窑從南宋開始就是産品質量最高的生産片區，在明初還燒造過官器，以供給宫廷。金村則是龍泉窑最早的生産中心，燒造時間始於北宋早期甚至更早，並延續至元代。溪口窑區則是龍泉窑鼎盛時期一個特殊的窑區，以生産仿官窑的産品而著稱，其産品可分爲黑胎青瓷和白胎青瓷兩大類，有些産品本身可能就是用於貢御的。

龍泉東區：包括龍泉市以東的龍淵、安仁、道太三個鄉鎮二十四個行政村以及龍泉市以東的雲和縣境内的一組窑場，共有窑址二一六處，其中龍泉市境內二〇八處（圖二），又分爲安福、源口、安仁口、大白岸、山石坑、坑口等片區，各自分布着十幾處到幾十處窑址。龍泉東區的諸窑址因爲分布在沿甌江的兩岸，是重要的水陸通道，因此二十世紀五十年代以來爲配合基本建設工程多次進行過考古發掘。特别是一九七九至一九八二年間爲配合緊水灘水電站工程，浙江省文物考古研究所、中國社會科學院考古研究所、故宫博物院、中國歷史博物館、上海博物館等多家單位聯合組成考古隊，對東區窑址進行了全面的調查和重點發掘〔肆〕。以後又對麗水市吕步坑窑址和雲和縣横山周遺址進行了考古發掘〔伍〕。龍泉東區以燒製民間用瓷爲主，最興旺的時期是南宋、元代到明代初期，產品大量用於外銷，質量較粗糙，器形較單調，以碗、盤類器物爲主，元代時十分流行戳印花裝飾，在產品的胎釉特徵、燒成和裝燒工藝以及產品質量上都與南區的窑場有一定的差别。

貳、龍泉窑的發展階段及各時期瓷器特徵

五代到北宋前期，社會上對瓷器的需求量急劇增長。同時，中國古代的瓷器進入外銷的第一個高峰時期，特别是越窑青瓷取代了長沙窑青瓷，成爲外銷的主要產品，生產規模大大擴充〔陸〕。在這一社會經濟發展的大環境下，龍泉窑也應運而生，製瓷業進入濫觴期。儘管其生產特徵大體不出越窑的產品體系，但其開創意義是不容置疑的，爲後來龍泉窑龐大的生產體系的形成奠定了基礎。

一、龍泉窑的創燒時期

龍泉地區瓷業的開創時間，學界尚有不同的觀點。有的學者根據出土器物及一些窑址調查資料，主張龍泉窑創燒於唐代〔柒〕、南朝甚

圖二

至更早[捌]。然而這些早期窑場青瓷生產的規模都比較小，製品種類較少，在造型和裝飾等方面和越窑、婺州窑、洪州窑、甌窑等窑場生產的早期南方青瓷具有相同的時代特徵，尚未形成明顯的自身特色，與龍泉窑成熟時期的生產傳統缺少直接的傳承關係。一些作爲證據的青瓷器多爲墓葬出土品，產地不明，不足取信。如龍泉青瓷博物館收藏的南朝鷄首壺（圖三）及蓮瓣紋碗（圖四）就被當做早期龍泉窑生產的證據，但這些器物並無證據證明是龍泉地區的產品。

圖三

圖四

約從晚唐、五代開始到北宋前期（九至十世紀），龍泉、慶元等地的窑業生產開始形成規模，並且漸成體系，成爲龍泉青瓷生產的真正開端。從近期的窑址調查看，慶元縣境内唐代中晚期的黄壇窑是目前能確定的最早的龍泉窑遺址[玖]。目前被廣泛引證的一個材料是傳説在金村大窑犇窑址採集的一件四繫小瓶，其腹部刻有「天福（後晉九三六至九四四年，後漢九四七年）秋，修建窑爐，試燒官物，大吉」的銘文[拾]，這被認爲是五代龍泉地區生產青瓷製品的紀年資料。文物工作者通過調查，在龍泉地區發現了二十七處可以上溯到五代至北宋初的窑址[拾壹]。金村、上垟窑址群出土的淡青釉細綫劃花瓷器與越窑北宋早期的細綫劃花瓷器在裝飾、裝燒方面都極爲相似。因此，龍泉窑的創燒至遲可以上推到北宋早期，其產品主要爲受甌窑、越窑和婺州窑風格影響的淡青釉瓷器。有學者對其質量給予了高度的評價，認爲該類瓷器製作精良，質量甚至要好於北宋中後期產品。南宋初年莊綽《鷄肋編》記載：「處州龍泉縣……又出青瓷器，謂之「祕色」，錢氏所貢，蓋取於此。宣和中，禁廷製樣須索，益加工巧。」[拾貳]莊綽活動於兩宋之際，建炎（一一二七至一一三〇年）間知鄂州，《鷄肋編》中記載的宣和時（一一一九至一一二五年）宫廷向龍泉窑製樣須索之事，屬當時人記當時事，可信度較高。同時，莊綽將祕色瓷加諸處州龍泉縣，不免有張冠李戴之嫌。但若錢氏吴越國時期龍泉縣生產青瓷的記載無誤，則能爲龍泉窑創燒於五代提供一些文獻證據。早期龍泉窑的產品主要是一種淡青色的薄釉瓷器，將其稱爲祕色瓷也不是不可能的。因此，這條文獻一般仍被看作是五代時期龍泉地區生產青瓷的文獻綫索。與南朝時期浙南發現的青瓷器不同，唐、五代時期在龍泉地區已經形成了一定的生產規模，盡管與龍泉窑成熟時期的產品特徵與工藝有所區別，但可以視爲是龍泉窑生產的濫觴時期。

上海博物館藏一件「太平戊寅」（即太平興國三年，九七八年）銘盤口壺[拾叁]。對於這件器物是越窑產品還是龍泉窑產品目前還没有統一的認識[拾肆]，但其淺盤口束頸的造型、雙刻蓮瓣輪廓綫的裝飾手法無疑與本時期龍泉窑淡青釉瓷器的特徵相符。而同一時代即使不同窑場的器物也往往具有相似的時代風格。這件「太平戊寅」紀年器物當可爲龍泉窑淡青釉瓷器的時代提供依據。因此，龍泉窑至遲開創於北宋早期應該是没有問題的。

二、五代至北宋早期龍泉窑產品特徵

龍泉窑五代、北宋早期的產品主要是受甌窑、越窑和婺州窑風格影響的淡青釉瓷器。有學者對其評價頗高，認爲該類瓷器製作精良，質量甚至要好於北宋中後期產品。淡青釉瓷器基本特徵是造型規矩端莊，形體細巧，製作精良（圖五）。

圖五

胎：胎料經過認真處理，氧化鋁含量高，三氧化二鐵含量低，胎色白中微泛青灰，胎質細膩，燒結致密，器壁較爲勻薄。

釉：內外通體施以淡青色薄釉，釉面光潔，釉層較薄，流動性不大。

裝飾：裝飾手法以細綫劃花和雙綫刻花爲主。細綫劃花與同時期越窑青瓷的劃花風格如出一轍。花紋題材多樣，包括蕉葉、花卉、卷草、雲紋、蓮瓣等等。瓶壺類器物肩部還往往飾以婺州窑產品常見的褶皺狀附加堆紋或凸弦紋，腹部飾以竪向直棱雙綫。刻劃花裝飾往往與器物肩部的附加堆紋、凸弦紋以及腹部的直棱雙綫裝飾配合使用。碗盤類器物口沿多做花口凹進。

裝燒：器物的裝燒採用白色泥點支墊，因此在器物的底周，有時還包括口部留下奶白色的泥點紋。此外，也有用墊圈間隔、支墊器物外底的裝燒方法，與北宋早期甌窑和越窑有相似之處。器物露胎處多呈灰紅、紫灰、灰白和灰褐色。

產品種類：本期產品的種類包括碗、杯、鉢、盤、盞托、執壺、盒、罐、梅瓶、多管瓶、盤口壺等。器物圈足一般略微外撇。

三、北宋中晚期的龍泉窑

（一）北宋中晚期龍泉窑生產概況

從北宋中後期開始，龍泉窑進入了發展時期。這一過程也就是龍泉窑逐漸取代越窑，在生產技術上不斷發展成熟，最終成爲南方地區最重要的製瓷傳統的進程。這一發展階段從北宋中後期一直延續到南宋前期。此期製瓷業在北方地區繁榮發展，但宋朝境內經濟的發達和海上外銷通道的阻隔[拾伍]，使瓷器的外銷處於一個相對低迷的時期。這成爲導致越窑衰落的重要原因，也使作爲南方地區的主要瓷器產區的龍泉窑瓷業僅處於穩步發展的狀態[拾陸]。北宋中期窑業由南向東並沿甌江上游的龍泉溪向下游兩岸擴展。此期的生產以龍泉大窑[拾柒]、金村（包括慶元縣上垟）[拾捌]、安福爲中心，在麗水市石牛[拾玖]，松陽縣界首、青田縣石帆、新莊等地都設窑燒製青瓷。窑址的數量大大增加[貳拾]。元祐七年（一〇九二年）處州官民合力修治甌江上游的險灘，「畢合百六十有五灘，龍泉居其半，縉雲亦五之一。凡昔所難，盡成安流，舟晝夜行，無復激射覆溺之虞」[貳壹]。此後，險灘成安流，「可筏可舟」[貳貳]，龍泉青瓷得以水運至麗水、温州等地，瓷業得到迅速發展。

（二）北宋中晚期龍泉窑產品特徵

胎：本時期的龍泉青瓷胎料處理不精，胎體較厚，胎色較深，多呈灰色或灰白色，白度甚至比上一時期的淡青釉瓷器要低，但燒結度好，坯體堅密，胎釉結合良好。少數燒結不好者，胎質疏鬆，呈淡黃色或磚紅色。

釉：釉料仍爲石灰釉。釉色普遍加深，一般爲青綠色，由於燒成温度的差異和窑位的不同，也有的釉色泛灰或青中帶黄的現象。釉層加厚，但仍然較爲匀薄，具有一定的玻璃質感。釉層開片和凝聚成點狀的現象比較多。可見此時窑工對於窑室内還原氣氛和温度的控制還不够成熟。

紋飾：器物的裝飾以雙面刻劃花爲主。内壁紋飾繁縟而略顯拘謹，主題不够鮮明。花紋題材豐富，包括團花、波浪紋（圖六：北宋後期刻劃花波浪紋碗，引自：《浙江省龍泉青瓷窑址調查發掘的主要收獲》，《文物》一九六三年一期，三二頁，圖八）、折扇紋、雲紋、蓮花荷葉、纏枝花卉、蕉葉紋、蓮瓣紋、瓜棱紋等等。其中折扇紋（圖七：龍泉金村出土北宋後期花卉篦點紋碗殘片，引自：《龍泉青瓷研究》，七三頁，圖五）多裝飾在盆和碗的外壁；蓮花荷葉紋出現較晚，發展到南宋早期變得更爲疏朗〔貳叁〕；瓜棱紋多裝飾在執壺、盤口壺等器物外壁。細綫劃花的裝飾技法基本消失，花紋圖案採用刻劃兼施的技法，刻花和篦點紋或篦劃紋結合使用。具體做法是用刻刀刻出花紋的輪廓綫，刻花較爲流暢犀利，一刀一莖，兩刀一葉，四刀一蕾，構圖洗練，綫條簡潔流暢。刻綫内外均劃畫或長或短或直或弧的各種形式的細密篦劃紋，形似水波蕩漾，而同期越窑的花瓣中多填以單綫劃紋。此外，碗盤内壁、盒蓋等部位也常刻劃主題花紋後，再輔以「之」字形曲折篦點紋做地紋，圖案整體形成一種淺浮雕效果，碗盤外壁則刻以折扇紋（圖八）。「之」字形曲折篦點紋多見於金村及龍泉東區的部分窑口，從大白岸窑址群等地出土的遺物來看，這種裝飾手法僅少量存在於最早期的地層，流行時代上似乎要略早於篦劃紋〔貳肆〕。到了北宋末期，篦點紋已基本消失〔貳伍〕。琢器上常分層刻劃多層花紋（圖九：北宋後期刻劃纏枝花卉紋壺，引自：《浙江省龍泉青瓷窑址調查發掘的主要收獲》，《文物》一九六三年一期，三二頁，圖八）。

圖六

圖七

圖八

圖九

產品種類：有碗、盤、鉢、盆、盒、盞托、執壺、盤口壺、侈口壺、罐、多管瓶、梅瓶、四方瓶、八棱瓶等，爐類有鰲足鼎式爐、六角八卦三足爐、六角八卦鼎式爐、四方四足印花爐、素面三足爐和熏爐等。北宋中後期盤、碗類器物造型較爲坦張，口沿多外撇。本期的一大特點是瓶爐類器物的數量增加，並在此後成爲龍泉窑的一大特點。

裝燒工藝：本時期的窑具包括喇叭形墊座、匣鉢、墊圈、墊餅等。

匣鉢的使用還不够普遍。器物多採用墊燒，瓷質墊圈逐漸消失，改用粗泥製作的圓形墊餅[貳陸]，墊於器物的外底，再放入匣鉢内燒成。因此，早期的泥點痕迹已不再出現。一些大器直接放在喇叭形墊座上明火燒成，器表常有火刺或粘附沙粒和雜質。這反映了當時人們對窑室空間和熱量的利用仍不够充分。

四、南宋早期的龍泉窑

（一）南宋早期龍泉窑生產概况

宋室南渡後，浙江地區人口大增。同時，朝廷鼓勵瓷器外銷，龍泉窑迅速發展，窑場數量急劇增加，分布地域空前廣大。龍泉窑形成了以龍泉大窑[貳柒]、金村（包括慶元上垟）[貳捌]、溪口爲中心的核心生產區域，周邊的石隆、壇湖店也都有窑業興起，最精美的產品都出產於此區。同時，東區的梧桐口、小白岸、大白岸[貳玖]、山頭窑[叁拾]、道太、松溪、安福、安仁口、大棋、黄金坑、武溪，雲和縣梓坊、水碓坑，遂昌縣湖山鎮、坑裏潘，縉雲縣大溪灘、觀壇廟、碗窑山、黄迎祥、姓汪，慶元縣竹口，青田縣下堡，松陽縣擇子山，麗水蓮都區保定也都生產青瓷。窑場遍及甌江流域，並擴展到錢塘江上游的烏溪江流域、閩江上游的竹口溪一帶，甚至遠至泰順、文成、永嘉等縣市都相繼建立瓷窑。總計瓷窑已近三百多處[叁壹]。

（二）南宋早期龍泉窑產品特徵

胎：本時期龍泉窑仍舊用含硅量高的瓷石作胎料，不適合製作薄俏挺薄的器物。因此產品胎骨厚重，造型敦實。器物底足尤其厚重，挖足較淺，圈足寬矮。瓷胎中氣孔、雜質含量較高，胎色普遍成灰色或淡灰色。

釉：釉層有所增厚，但仍屬傳統的石灰釉。釉色呈青灰色或淡青色，給人寧謐之感。釉色發黄的現象已較少見。高質量產品的釉面光澤渾厚，富柔潤質感。

紋飾：北宋中後期盛行的雙面刻劃花逐漸減少。本時期以單面刻劃花爲主要裝飾特徵，很少採用其他裝飾手法。篦紋僅有少量流行[叁貳]，不再作地紋，而僅用於表現葉脉。刻劃花的題材減少，但却是龍泉窑刻劃花的全盛時期。刻劃綫條瀟灑流暢，布局疏朗。花紋以荷蓮爲盛，常見盛開的荷花及翻覆的荷葉組成對稱或呈「品」字形分布的荷蓮圖案（圖十：龍泉安福窑址出土兩宋之際荷蓮紋碗，引自：《浙江龍泉縣安福龍泉窑址發掘簡報》，《考古》一九八一年六期，圖版十二），其中的篦劃地紋已經消失，綫條簡練飄逸，畫面清新流暢，主題鮮明，是龍泉窑刻劃花裝飾中的極品之作。此外還有雲紋、水波紋、蓮瓣紋、蕉葉紋、鳳凰、飛雁、野鴨、游魚等；「葵口出筋」紋和S形複綫刻紋配以朵狀雲紋（圖十一：龍泉金村出土刻劃S形複綫紋碗引自：《龍泉青瓷研究》，七七頁，圖八）是本期新出現的裝飾圖案，主要應用於碗盤類器物内壁。瓶壺罐類器物紋飾施於外壁，碗盤類則飾於内裏和底心。在龍泉東區大白岸碗圾山窑址 Y24T2 ⑥層出土了大量上述風格的器物，同出的一件敞口長頸瓶有「淳熙」字樣銘文[叁叁]，推測這件產品爲南宋淳熙年間（一一七四至一一八九年）所製。而浙江新昌縣「紹興己卯（一一五九年）磚銘墓中亦曾出土過一件本時期典型的「葵口出筋」碗[叁肆]。從上述兩例考古材料看，本時期的年代框定是大致不誤的。

種類：本時期產品的種類大大增加。器型以碗、杯、盤、盞、碟爲主，也有梅瓶、長頸瓶、多管瓶、盤口壺、執壺、盞托、蓋盒、水盂、燈盞、夾層碗、香爐和渣斗等。仿古代青銅禮器的禮制性用瓷和

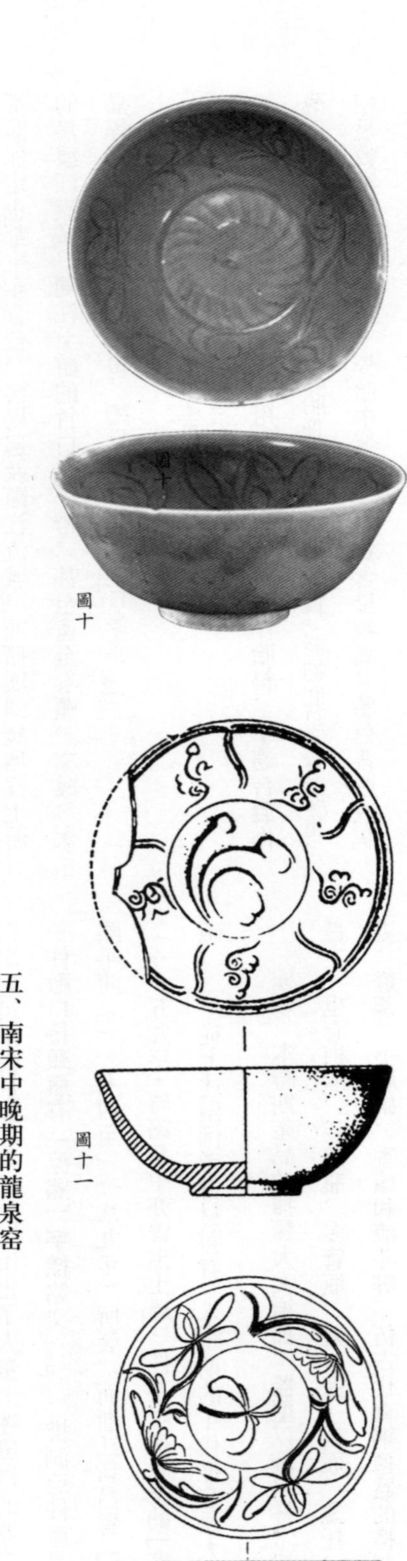

圖十

圖十一

圖十二

陳設瓷類開始生產並得到迅速的發展。碗類內底常印有圖章式的「河濱遺範」「清涼河濱」「金玉滿堂」「長命富貴」「崑山片玉」等銘文。本期的多數碗內底較弧鼓，明顯大於外足徑，下腹壁近底處外鼓，收底綫急劇而近平折，有垂腹之感（圖十二：四川簡陽東溪園藝場元墓出土宋代荷蓮紋碗，引自：《四川簡陽東溪園藝場元墓》，《文物》一九八七年二期，七三頁，圖一三）。盤類產品多採用與碗類相同的裝飾圖案和相似風格的造型，組成配套使用的器皿。

裝燒工藝：匣鉢的使用得到普及，提高了產品質量，增加了裝燒量。器物一般不再燒，而是採用一匣一器的裝燒方法。在裝燒時，器物外底置墊餅墊燒，因此外底無釉，露胎處呈灰色、土黃色或火石紅色。本時期的龍窯是龍泉窯各個時期中最長的，龍泉市安福、山頭窯發掘的幾座龍窯多數長在六十米以上，有的甚至可達七十多米，如安福金壩坨 Y18、石大門山 Y58 長度均在七十米以上[叁伍]。南宋早期的龍窯中已經出現擋火墻[叁陸]，以利於減少自然抽力。如龍泉安福石大門山 Y58 仍可看到由擋墻將殘窑分成六間的情況[叁柒]。

五、南宋中晚期的龍泉窑

（一）南宋中晚期龍泉窑生產概況

龍泉窑在經歷了兩百餘年的發展後，在南宋中期以後進入了繁榮時期。南宋政權偏安江南，南北割據，國土減少了一半，但政府所供養的官吏和軍隊的數量却大大增加。因此，大力推動手工業的發展和海上貿易以收取商税，成爲南宋政權維持運行的主要經濟來源。這種特定的政治經濟環境無疑促進了龍泉窑的生產。同時，兩宋之際的動亂，使北宋時北方發達的製瓷業的一些重要工藝技術傳播到了南方。其中，胎釉的二元配方和厚釉工藝對龍泉窑製瓷業的發展起到了重要作用。經過一段時間的應用和創新，南宋中期以後，龍泉窑在産品質量、生產規模等方面達到了全面的繁榮，並歷經元代一直持續到明代初期。

自一二〇〇年前後開始，龍泉窑以大窑爲中心的燒造區生產的器物在造型、裝飾方法、胎釉成分等方面都有了很大的改進和提高，並生產黑胎厚釉和白胎厚釉兩種高檔瓷器。這些瓷器的面貌和燒成工藝與龍泉窑早期的傳統不同，應該是受到了北方地區製瓷技術以及南宋早期官窑的影響。後來這種技術被不斷傳播到金村、溪口、八都、安福〔叁捌〕、安仁口〔叁玖〕、周垟和慶元縣、雲和縣等地的許多瓷窑〔肆拾〕。

（二）南宋中晚期龍泉窑產品特徵

胎：本時期龍泉窑在原料的使用上採用了二元配方，胎料中加入一定的紫金土，增加了胎土中氧化鋁和三氧化二鐵的含量，提高了胎體強度，使生產薄胎瓷器成爲可能。黑胎青瓷中紫金土含量較高，在還原焰中燒成後胎色呈灰黑色，器物足端墊燒而無釉，露胎處呈鐵黑色，即文獻中所説的「鐵足」。白胎青瓷中紫金土含量較少，胎比黑胎青瓷厚，但也比前一時期的瓷胎薄俏。

釉：釉料由石灰釉改進爲鈣鉀釉，碱金屬成分含量提高，釉水的高溫黏度增大，使燒造厚釉瓷成爲可能。在工藝上採用了素燒並多次上釉的方式。成型的坯體先經素燒後，選擇合格坯體上釉焙燒，可以大大提高成品率。部分器物還經過多次施釉，釉色十分凝厚瑩潤〔肆壹〕。龍泉東區上嚴兒窑址曾出土有未上釉的素燒坯體〔肆貳〕。在採用了厚釉工藝以後，釉的質量大大提高。本時期青瓷的釉色有粉青、豆青、梅子青、米黃等色澤。其中梅子青的釉色青翠欲滴，優美異常，將中國古代青瓷生產推向了頂峰。此時的器物都是通體施釉，衹是圈足端和三足器的足底無釉，產品質量達到了第一個高峰。

除了厚釉瓷外，本期還有相當數量的薄釉產品，沿襲傳統的燒瓷方法，胎釉的製作都不甚講究。此外，工藝的傳播需要一個過程，不同窑址的技術和資源條件也不盡相同。南宋後期，雖然在大窑、金村等龍泉窑的中心窑場已經燒造出獨步古今的美麗作品，然而在一些邊緣窑場這一時期的產品往往並不都如此精美。這使得龍泉窑產品的面貌千差萬別，豐富多樣。而不同質量青瓷的使用對象也有明確的區分。此期龍泉窑的產品銷往全國各地。

紋飾：裝飾上，多數器物光素。帶裝飾的器物仍以單面刻劃花爲主。南宋前期多見的內壁蓮荷紋和S形刻劃綫裝飾逐漸消失，外壁刻淺浮雕式的重層蓮瓣紋逐漸流行，並成爲各種器型的共同裝飾（圖十三：首都博物館藏南宋蓮瓣紋盤）。這種蓮瓣紋中脊凸出，瓣面向兩側斜削。其盛行的時間大致相當於南宋晚期以及此後的一段時間〔肆叁〕。早期刻蓮瓣紋碗的內壁仍裝飾刻劃花，應當是過渡階段產品，後來內壁便不再裝飾圖案。到了宋末元代，蓮瓣變得狹長，形似菊瓣，瓣面刻得很淺，瓣脊漸次消失。窑址出土的窄蓮瓣紋裝飾器物的地層疊壓在寬蓮瓣紋類遺物地層之上〔肆肆〕。出土窄蓮瓣紋器物的墓葬也多集中在南宋末期以後，如咸淳十年（一二七四年）史繩祖墓出土的蓮瓣碗等〔肆伍〕（圖十四：元代早期蓮瓣紋碗引自：《龍泉大窑楓洞岩窑址出土瓷器》，圖版八）。此外，南宋後期的裝飾紋樣還有弦紋、牡丹、龍、鳳和魚紋。南宋末年還使用菊瓣紋和福壽吉利文字。龍泉窑在改進胎釉質量，使青瓷產品質量大幅提升的同時，也改進了裝飾風格，從仿傚越窑形成的以刻劃紋飾爲裝飾主體，發展爲更大程度的以造型和釉色取勝的裝飾風格。釉色絕美的器物往往不帶裝飾，而釉色一般的器物仍然繼續採用刻劃裝飾。

裝燒工藝：本時期所使用的匣鉢包括M形匣鉢和平底匣鉢兩種。墊餅主要包括圓餅形墊餅和軸頭形墊餅兩種。高檔產品採用輪製瓷質墊餅置於器物足端墊燒。因此器物滿釉，僅足端無釉。部分墊具底部還粘有泥餅，起到穩固作用（圖十五：一匣一器單燒的裝燒方法，引自：《浙江龍泉青瓷上嚴兒村窑址發掘報告》，《中國歷史博物館館刊》一九八六年總第八期，四七頁，圖六）。部分小件瓶、壺類產品使用平底匣鉢盛裝，每個匣鉢裝燒四至七件器物不等，這些器物一般不使用墊具，器物與匣鉢之間衹墊一層砂〔肆陸〕。蓋碗等帶蓋器物將蓋、口交接處的釉刮掉，採用器蓋、器身合燒法，一方面可以防止器物口沿變形，另一方面又可保證器蓋器身釉色一致，蓋合嚴密。把杯、盅、洗等小件圓器採用疊燒法，器物口沿刮釉，內外僅留一至二毫米寬的一綫澀胎以防粘連，器物間置俗稱「墊蓋」的薄俏的淺碟形瓷質間隔具。這樣，在增加裝燒量的同時，也有效防止了器物因胎體過薄造成的口部變形，可謂一舉兩得。裝燒方法的不同也體現了龍泉窑產品製作中精緻程度的差異，應該是與生產中的成本效益相關聯，體現了根據使用對象不同而採取不同成本管理的商品生產特點。

種類：本期的產品種類有碗（七角碗、八角碗、束口碗、斗笠碗、蓋碗、夾層碗）、盤（七角盤、菱口盤）、杯、盞托、執壺、扁壺、罐、盒、燈盞、渣斗、熏爐、筆筒、筆洗、圓形硯臺、水盂、筆架、瓶（龍瓶、虎瓶、梅瓶、鳳耳瓶、魚耳瓶、龍耳瓶、大吉瓶、穿帶瓶、牡丹瓶、觚式瓶、尊式瓶、貫耳瓶、琮式瓶、盤口瓶〔圖十六：四川省博物院藏南宋素面盤口瓶〕、盤口弦紋瓶、紙錘瓶、膽瓶、玉壺春瓶）、燭臺、香爐（鬲式爐、鼎式爐、簋式爐、樽式爐、八卦爐）、佛像、鳥食罐、象棋等。龍泉窑在此期產品種類的一個重要變化是香具和文具的廣泛生產。目前在全國範圍內所見的生產香具和文具的窑口不十分普遍，即便一些窑場也生產類似的產品，但生產的數量也是鳳毛麟角。這體現了龍泉窑所代表的青瓷生產傳統在當時社會中爲文人士大夫階層所珍愛，符合士大夫階層清雅藝術的審美取向。而恰恰是這類器物，大多製作精良，釉色優美。南宋詩人楊萬里在他的《燒香七言》中讚譽精美的香具曰「琢瓷做鼎碧於水，削銀爲葉輕如紙」，這應是指龍泉窑的香爐〔肆柒〕。應該説，這類器物的需求和文人士大夫階層對嫻雅生活用品的追逐，也是促進龍泉窑改進生產工藝，努力生產精美器物的一個動因。

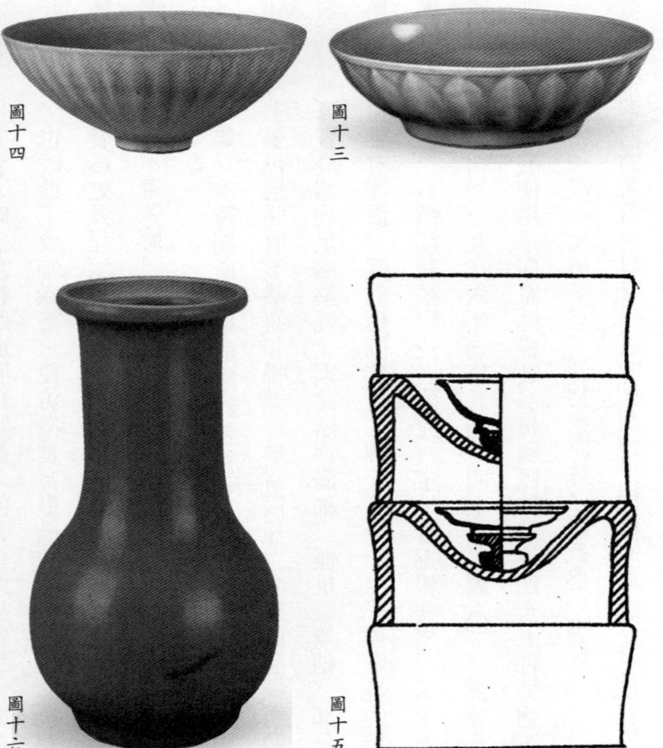

圖十三

圖十四

圖十五

圖十六

（三）南宋中晚期龍泉窑仿官類產品特徵

龍泉窑的技術進步與仿燒南宋時期在國家禮制性活動中使用以及供宮廷御用的官窑瓷器密切相關。這些器物是龍泉窑最高端的產品，集中代表了其生產的最高水平。也有學者認爲，這些器物本身就用來供御，是南宋時期御窑的組成部分〔肆捌〕。龍泉窑仿官窑類產品生產的時間主要集中在南宋中後期，包括黑胎厚釉青瓷和白胎厚釉青瓷兩類產品。

黑胎青瓷：數量較少，目前僅在大窑、溪口兩地近十處窑址中發現該類瓷器，且都與白胎青瓷同窑燒成。溪口瓦窑垟窑址以生產黑胎厚釉青瓷爲主，而其他瓷窑還是以燒造白胎厚釉青瓷爲主，兼燒一部分黑胎青瓷〔肆玖〕。

黑胎青瓷胎體很薄，多數胎厚在一毫米左右，大件器物也衹有三至五毫米。多數胎質細膩堅硬，胎色灰黑如鐵。少數生燒器胎質疏鬆而輕，胎色也相應地呈現黄色或磚紅色。器物採用多次上釉工藝，在斷面能看到二至五層上釉的痕迹。不同於南宋官窑釉色多偏乳濁的特點，黑胎青瓷瓷釉中達到乳濁效果的較少，大部分玻璃質感强，肉眼即可看到成群的氣泡，圈足處常積釉很厚。釉色多見透明的碧緑、墨緑、青褐等色調，推測可能爲燒製温度較高所致。

部分造型較爲坦張的黑胎器物也採用上述淺碟形瓷質間隔具疊燒法，如大窑杉樹連山西北部山崗出土的三件疊燒黑胎青瓷八角碗[伍拾]。

白胎厚釉：胎較厚，胎色白中帶灰。因加入紫金土提高了鐵含量，致使露胎處泛紅色，器物足部形成「硃砂底」。釉中鋁、鈣的含量比黑胎青釉低，胎釉膨脹系數接近，因此開片現象較少。釉色美觀，有粉青、梅子青，皆爲人們公認的上等釉色。本時期的文獻中開始出現關於龍泉窑生産情況具體而翔實的記述。其中，最詳細的記載來自於嘉定二年（一二〇九年）編修的《龍泉縣志》。明成化丙戌進士陸容所撰《菽園雜記》卷十四「青瓷」條載：「青瓷，初出於劉田，去縣六十里，次則有金村窑，與劉田相去五里餘。外則白雁、梧桐、安仁、安福、禄繞等處皆有之。然泥油精細，模範端巧俱不若劉田。泥則取於窑之近地，其他處皆不及；油則取諸山中，蓄木葉燒煉成灰，並白石末澄取細者合而爲油，大率取泥貴細，合油貴精。匠作先以鈎運成器或模範成形，候泥乾則蘸油塗飾，用泥筒盛之，寘諸窑内，端正排定，以柴篠日夜燒變。候火色紅，焰無烟，即以泥封閉火門，火氣絶而後啓，凡緑豆色瑩淨無瑕者爲上，生菜色者次之。然上等價高皆轉貨他處，縣官未嘗見也……」以下還有韶粉，香菇等條。「已上五條出龍泉縣志，銀銅青瓷皆切民用，而青瓷尤易視之。蓋不知其成之之難耳，苟知之，其忍暴殄之哉」[伍壹]。這段記載從器物的生産地點、産品特點、製作方法和原料來源等多方面對龍泉窑的生産進行記述，是其他各類文獻所不能比擬的。《菽園雜記》中並未説明這段記載來自哪部《龍泉縣志》，但根據《乾隆龍泉縣志》卷首《例言》所記，明代成弘以前編修的縣志衹有宋嘉定二年何澹所編的縣志，因而推定陸容所引當爲宋志[伍貳]。

六、元代中晚期的龍泉窑

（一）元代中晚期龍泉窑生産概況

元代是龍泉窑製瓷業的輝煌時期。大一統的元王朝使龍泉窑瓷器流布全國，特别是北方的廣大地區。元朝的漕運（包括大運河漕運和海漕）十分發達，都城大都的糧食供給大量依賴南方。在糧食北運的同時，瓷器也被成批運往北方，其規模之大是前所未有的。内蒙古集寧路古城遺址就是一個很好的例證，它位於中原地區通往漠北的交通要道上，是草原絲綢之路東端的一個重要起點。這裏發現的三十八處窖藏（其中還包括若干保存較好的瓷器窖藏）出土了大量龍泉青瓷[伍叁]。

同時，分布在歐亞大陸的各個汗國與中央汗國之間的密切聯系，使得元朝成爲一個更具有世界眼光的政權。而此時，環印度洋貿易圈也已進入高度發達的時期。元代政府十分注重海外貿易，先後在廣州、泉州、慶元（浙江寧波）、上海、澉浦、設立市舶司，將海上貿易作爲國家的重要政務。元代對海、陸交通的大力經營以及海運能力的極大提高，使龍泉窑瓷器以更大的規模輸往海外。從國外的考古發現看，龍泉青瓷是元代外銷瓷的主力之一。海内外的巨量需求成就了龍泉窑空前的發展和生產規模的急劇擴大。

元代龍泉窑在窑場的數量和個體窑場的規模等方面都有了巨大的發展。作爲製瓷中心的大窑區就有五十多處瓷窑。同時，窑業迅速向交通更爲便利的甌江和松溪兩岸擴展開來，窑址遍及龍泉東部至麗水的甌江兩岸及支流區域（伍肆），甚至錢塘江支流的烏溪江也出現了生產龍泉窑類型產品的窑場。閩江支流的慶元縣竹口、楓堂、上垟一帶也發展起來很多新的瓷窑。根據文物普查資料，此期有窑址四四五處。龍泉大窑、金村、垟岙頭、高際頭、溪口、石隆、梧桐口、小白岸、楊梅嶺、坑口、山石坑、大白岸、道太、安福、安仁口、蛤湖、前瀨、源口、黄金坑、武溪，雲和縣麻垟、新林、張源頭、梓坊、規溪、雙港，遂昌縣白壇下，縉雲縣大溪灘，麗水蓮都區保定、郎齊、竹溪等地都有瓷窑分布（伍伍）；景寧、武義、永嘉等縣也新建瓷窑生產龍泉青瓷（伍陸）。這些窑場多數蜿蜒數里，形成有規模的窑業集中區域。整個龍泉窑產區瓷窑林立，烟火相望，一派繁榮景象。

（二）瓷器特徵及裝燒工藝

元代龍泉窑生產規模擴大，但胎釉質量却略遜於南宋。

胎：元代瓷胎的白度有所提高，但厚度逐漸增加，整體器型粗厚高大。器物造型整體上變得較爲渾圓敦實。圈足普遍較大，足底中心多有乳狀突起，有的乳狀突起被刀削去，留有旋刀痕，足邊較厚。

釉：青釉中氧化鈣含量逐漸降低，而氧化鉀和氧化鈉的含量提高，增加了釉的高温熔融範圍（伍柒），但釉層厚薄不一，釉色以淡青、青緑、梅子青爲主，還有青灰、青黄等色調，釉質大多比較滋潤。

圖十七　圖十八　圖十九

紋飾：裝飾方法多樣，包括刻劃花、模印花、貼花、鏤空、堆塑、褐色點彩等各種工藝，然而花紋構圖漸趨呆板。刻劃花技法簡單草率，以劃爲主，綫條較細淺。如蓮荷紋刻劃隨意，結構松散。模印圖案則構圖嚴謹，綫條細膩，呈現出一種上升的態勢（伍捌）。有些模印圖案還頗爲繁複。本期常見的花紋題材有纏枝牡丹、蓮花荷葉、菊花、朵梅（圖十七：元代貼花朵梅小碗內底，引自：《龍泉大窑楓洞岩窑址出土瓷器》，圖版三）、茶花、靈芝、海棠花、纏枝花、桃、石榴、蓮瓣、菊瓣、卷草、梅梢月、弦紋、鋸齒紋、方格、回紋、勾連紋、雲紋、火焰紋、水波紋、浪濤紋、龜、魚、鴨、龍、鳳、鷺鷥、飛雁、八仙、八寶、雜寶和十字杵紋等。器物外壁口沿處常刻劃有以短斜綫隔斷的弦紋組帶飾，下腹勾勒複綫寬蓮瓣紋。貼花裝飾花紋有龍、鳳、鶴、雁、雲、魚、龜、朵梅、牡丹、桃、荔枝等（圖十八：元代貼花牡丹紋樽式爐，引自：《龍泉大窑楓洞岩窑址出土瓷器》，圖版二七）。釉上露胎貼花是本期一種獨特的裝飾方法（圖十九：元代露胎貼花雙魚紋盅，引自：《龍泉大窑楓洞岩窑址出土瓷器》，圖版四七）。貼片在燒成時被二次氧化，呈現火石紅色，十分美觀。本期開始出現戳印紋樣，題材主要有雙魚、牡丹、金剛杵、荷花、茶花、折枝蓮、鳳紋、吉祥語、八思巴文等。龍泉窑的八思巴文裝飾主要見於大窑、安仁口嶺脚、入窑灣、雲和橫山周和麗水寶定等窑址〔伍玖〕。有的碗盤内壁滿印花紋，應當是採用了内模印花，花紋題材有雙鳳紋、昆蟲、蓮瓣紋等，花紋間還常常夾雜詞句文字。褐彩是在彩料中摻和了含鐵量較高的紫金土，然後在釉上點褐色斑點，燒成後呈黑褐或紫褐色。除了以上裝飾圖案外，部分瓷器上還刻印文字，如「金玉滿堂」「長命富貴」「百花朝王」「福如東海、壽比南山」「福、禄、壽、富、大吉」等。

產品種類：豐富多樣，有碗（蓮瓣碗、菊花碗、束口碗、斗笠碗、八角碗、兩面刻花碗、敞口弧腹碗、梅花碗、粗坯疊燒碗）、盤（方盤、八角盤、荷葉盤、菊花盤、荔枝盤、露胎三桃盤、敞口圓唇盤、折沿盤）、盞、盞托、杯、高足杯、執壺、雙魚洗、蔗段洗、匜、罐、粉盒、唾壺、瓶（長頸瓶、紙錘瓶、玉壺春瓶、琮式瓶、尊式瓶、貫耳瓶、蒜頭瓶、葫蘆瓶、海棠式瓶、六角瓶、八角瓶、吉字瓶、梅瓶、靈芝耳瓶、鳳耳銜環瓶、長頸銜環瓶等）、花盆、鏤空器座、筆筒、筆架、硯臺、硯滴、鳥食罐、香爐、燈盞和塑像等。其中，大罐類產品在成形時罐身和罐底（罐底常由盤狀或洗狀的坯件充當）分別製作，燒成時釉結在一起（圖二十：元代蓮瓣紋蓋罐，引自：《龍泉大窑楓洞岩窑址出土瓷器》，圖版二十），這是元代罐類產品的一大特點。元代還有一種貼花大碗，往往在圈足内挖一個略小於足徑的小洞，然後在内底相應部位覆蓋一枚模印花卉貼片，燒成時釉結在一起，頗爲美觀。元代流行仿生文房用具，如鯉魚硯滴、牧童騎牛硯滴、南瓜硯滴、船形硯滴等等。瓷塑作品在南宋晚期已經出現，元代則開始流行大件瓷塑，如佛像等，數量也明顯增加。

爲適應伊斯蘭地區的飲食習慣，龍泉窑還生產主要銷往中東地區的大盤、大碗等器物。盤的口徑往往在三十厘米以上，最大可達六十至七十厘米；大碗的口徑在二十厘米以上，龍泉安仁口嶺脚瓷窑生產的大碗口徑達四十二厘米〔陸拾〕；這時，還出現了高達一米的大瓶。大件器物的出現，反映出元代製瓷技術的進步。此外，龍泉窑小罐（圖二十一：元代小罐，引自：《龍泉大窑楓洞岩窑址出土瓷器》，圖版二三）在菲律賓、馬來西亞、泰國、印度尼西亞、新加坡等東南亞國家大量出土，這些器物往往成組的用於墓葬中，似乎專門用作隨葬品；同時它們還應用於當地的某些禮儀中。江西景德鎮和福建地區也生產並出口這類器物，其廣泛發現表明，中國古代外銷瓷器的使用功能，從相對單純的日用飲食器皿，向隨葬和禮儀活動中的特殊用品、陳設品等涉及意識形態的用品擴展。

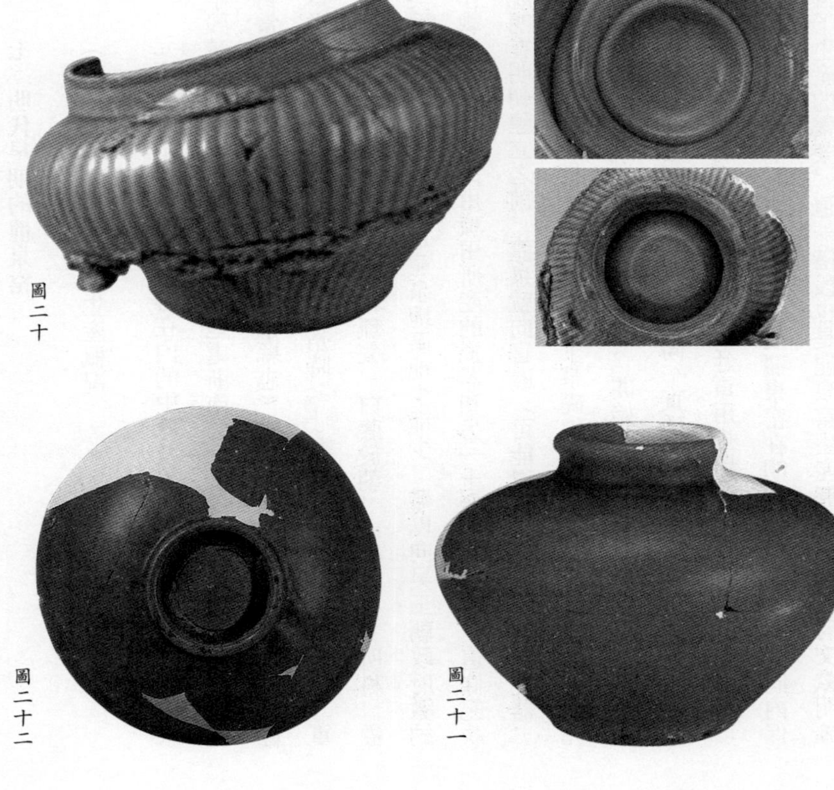

圖二十

圖二十一

圖二十二

裝燒工藝：本時期龍泉窯在裝燒方面又有了新的變化。龍窯長度較宋代有所縮短，一般長四五十米，更有利於控制窯內溫度和氣氛。器物多採用M形匣鉢裝燒。精細器物出現了外底刮釉一圈放置鉢形墊具墊燒的做法（圖二十二）。常見的鉢形墊具有瓷質和粗泥質兩種。根據造型的差異可分爲以下幾類：㈠胎體厚重，內平外圜，口沿上翹成鉢形，口沿齊平，多用於支墊盤、盆等器類；㈡外底凸出，口沿上翹，使用時需以泥圈固定，多用於支墊碗和小型盤、洗等器物；㈢底部較平，腹部斜直，口沿較尖鋭。有的大型瓷質鉢形墊具中央挖有小孔。龍泉東區上嚴兒窯址[陸壹]、安仁口嶺脚窯址[陸貳]、大窯楓洞岩窯址[陸叁]均出土過上述鉢狀墊具。普通器物用泥質墊餅墊燒，圈足的底部無釉。爲了增加裝燒量，有的瓷窯在一個匣鉢內疊裝二至三件同類的碗盤，碗盤內底無釉或一圈無釉，嚴重影響了瓷器的質量。有的瓷窯在碗盤類器物的內底露胎貼朵花一枚或戳印一個朵花花紋，便於叠燒，同時又增加美感，富有創意。

元代時龍窯結構有所改進，更爲科學。一九六〇年在大窯的牛頭頸山上發現一座分室龍窯，編號爲Y6[陸肆]。這種窯是將傳統龍窯分隔成若干小室，不同小室間以兩堵間距十三至二十厘米的擋火墻相隔。前面一道墻底部開有烟火孔，上端與窯頂相接；後墻上部不到頂。火焰由烟火孔進入隔墻，再由後墻頂部進入後一個窯室。這樣就由傳統的平焰窯變成了倒焰窯，在減小抽力的同時，使窯室內的溫度和氣氛更加一致。據推測，Y6的時代爲元末明初。

七、明代早期的龍泉窯

（一）明代早期龍泉窯生產概況

元末戰亂給包括景德鎮窯在內的中原及許多地方的窯業生產帶來了毁滅性的打擊。然而，龍泉地處浙南的深山當中，元末農民大起義對當地的影響較小。《乾隆龍泉縣志》卷之八《人物志》「經濟」條章溢傳記載[陸伍]，在章溢知處州時[陸陸]「處（州）多山而少田，軍需恒不足，胡深爲奏免，惟輸琉甃、白藤於朝，而行省復有所科，溢奏罷之」[陸柒]。即因爲龍泉地區地少糧少，難以向吴王朝政府繳納作戰用軍糧，因此用琉田所產的瓷器和另一土產白藤代替。這條記載説明在明朝建立之前，龍泉就向官府（可能還不是皇家）貢納瓷器，這爲後來龍泉被指定爲貢窯奠定了基礎。洪武年間，龍泉窯因其在元代宏大的生產規模和精美的產品，開始正式向官府貢瓷[陸捌]，成爲明代初年重要的官作，其貢御時間一直延續到天順末年[陸玖]。因此，明代時龍泉窯躋身於向官府和宫廷貢用瓷器的四大窯場之列[柒拾]。官用瓷器生產的高水平要求，使龍泉窯在明代初年的一段時間內保持了生產的繁榮。這一階段也是龍泉窯生產歷史上有官府文獻明確記載的向官府貢瓷的時期。

明代初年，龍泉窯盡管保持了元代後期的製作水平，並且有所發展，但生產的規模已開始收縮。明初，龍泉窯核心生產區域在大窯的岙底一帶，但大窯鄰里的金村、高際頭、垟岙頭、石隆、溪口等片區已停止燒造。燒製區域向龍泉溪的下游擴展。龍泉東區的安福、安仁口、坑口、山石坑、道太、蛤湖、前瀨、源口、王莊等地的窯業則繼續生產，許多地點達到了當地瓷器生產史上的空前繁榮時期。慶元、雲和、麗水蓮都區、遂昌、松陽等地的部分窯場也繼續生產。此期各地窑場數量的總和達到二一二處。不過，除了岙底地區以外，其他的地點都以燒製民間用瓷爲主，產品質量大體與元代後期持平，並有所下降。

明代初年，在鄭和七下西洋的大規模官方航海活動的帶動下，海上對外貿易仍然保持了强劲的運轉態勢。這一時期，由於景德鎮窑業和福建地區窑業遭到一定程度的破壞，龍泉窑產品幾乎成了一枝獨秀的海上輸出品。在海外，從東亞的日本、琉球，到東南亞，乃至東非地區，都發現了大量明代早期的龍泉窑瓷器。如我們在肯尼亞沿海地區調查的著名城邦遺址——格迪古城，此遺址經過十年的考古發掘，得到了全面的揭露。我們對其中出土的中國瓷器進行了調查。據統計，該遺址出土的中國古代瓷器共計四三五件片，明代早期的中國瓷片共計一一八件，占總數的27.3%。其中景德鎮窑明代宣德到天順時期瓷器四件，占明早期瓷片總數的3.4%；龍泉窑明代早期瓷器一一四件，占明初瓷器總數的96.6%。這些龍泉窑瓷器不僅包括了大量的日用器皿，還有少量的官器，很可能是鄭和帶去用於賞賜的官用物品〔柒壹〕。盡管格迪古城衹是一個個例，但足以説明在這短短的時間裏，龍泉窑青瓷在外銷瓷器中所占的比例。這也是明初龍泉東區產品質量不是很高，但依然繁榮發達的原因之一。

（二）瓷器特徵及裝燒工藝

胎：本時期瓷器的造型在元代基礎上進一步變得渾厚粗重。胎體較厚，器物的轉折、棱角處顯得圓鈍而强硬，整體的曲綫不够圓潤優美。胎料的加工在不同窑場有較大的差異，除大窑片區的產品外，龍泉窑大多數產品胎質並不十分細膩。

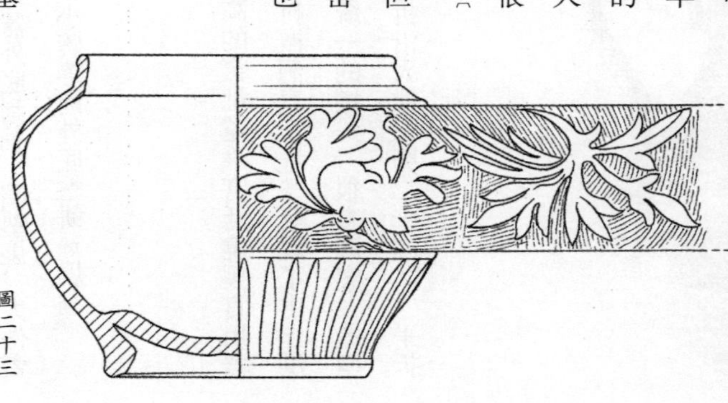

圖二十三

釉：釉層較厚，精品仍採用多次上釉的工藝，如大窑出土的刻花碗，爲生燒廢弃，釉層明顯分爲三層〔柒貳〕。釉色以青緑、豆緑爲主色調。由於釉的配方、厚度的不同和燒成氣氛、窑位的差别，器物的釉色差異仍然很大，色調豐富多樣，很難用一種或幾種特定的釉色來描述和概括。

紋飾：器物大多帶有裝飾，裝飾手法主要包括模印、戳印、刻花、剔地刻花、雕塑、鏤空等。刻劃花圖案往往顯得疏朗而稍凌亂，風格略顯潦草。戳印花裝飾是用瓷質印花模具戳印在未乾的瓷坯上形成的一種花紋裝飾，它是本時期最爲流行的裝飾技法之一，紋樣也非常豐富，題材包括有牡丹、葵花、荷花、折枝蓮等各種折枝花紋樣，雙魚、團鳳、飛馬海濤、鹿等祥瑞動物紋樣等等。剔地刻花裝飾多見於大型的蓋罐和爐。剔除地子後，牡丹、菊花等主題圖案便産生了淺浮雕的效果。有些器物剔地部位留有類似篦劃的痕迹（圖二十三：明早期刻花牡丹紋蓋罐，引自：《龍泉大窑楓洞岩窑址出土瓷器》，圖版一二〇）。貼花方式已少見。

產品種類：主要有各種碗、杯、盤、洗、盆、盞、高足杯、蓋罐、鏤空器座、盞托、管芯燭臺、菇芯燭臺、高圈足燭臺、硯臺、碾鉢、執壺、梅瓶、玉壺春瓶、樽式爐、洗式爐、粉盒、梅瓶蓋、荷葉形蓋等。

裝燒工藝：裝燒方法較多樣，然而用鉢形墊具支墊器物並採用匣鉢單燒成爲主流。本時期的墊具主要爲瓷質或粗瓷質鉢狀墊具，輔以泥質墊餅和墊圈等。碗、盤、洗等圈足器外底刮釉一圈墊燒，大件蓋罐、壺、高足杯等仍是足端墊燒，爐、小碗等則外底墊餅墊燒[柒叁]。

（三）明初楓洞岩官器

明代早中期處州部分燒瓷水平較高的窑址還爲宫廷燒製官用器物。如二〇〇六年發掘的龍泉市大窑村楓洞岩窑址，發現了出土洪武、永樂官器的地層。這些器物採用統一的樣式，很多圖案、造型和景德鎮御窑產品如出一轍，如菱口折沿大盤（圖二十四）、平折沿盤、大墩碗、蓮子碗、玉壺春執壺（圖二十五）、玉壺春瓶、梅瓶等。特別流行個體巨大的盤、碗、瓶和執壺，器物製作一絲不苟，造型規整，胎體大多厚重而敦實。釉色典雅且相當的一致，呈明快的豆綠色，釉層稍厚，勻淨瑩潤，少見開片。有一部分官器不帶裝飾，大體可以與景德鎮洪武永樂時期的單色顏色釉和甜白釉器物對應；多數器物帶有裝飾，以刻劃花爲主，紋樣嚴謹而繁密，許多與景德鎮明初官窑青花瓷器的紋樣相似，即母題和布局都相同，但具體畫工還有差異，應該是參照了由官府下發的相同粉本（圖二十六）。

圖二十四

圖二十五

圖二十六

圖二十七

官用器物的裝燒也非常考究，基本都採用器底刮釉一圈，用瓷製墊托支墊，匣鉢單燒的方法。每件器物底部的刮圈都非常規整，一絲不苟，體現了皇家風範（圖二十七）。兩岸故宫收藏有很多這類器物。當然，楓洞岩出土的遺物還不足以囊括兩岸故宫所藏的所有明代官用瓷品種，因爲楓洞岩衹發現了洪武、永樂時期官器的地層，文獻記載，至少天順末年處州龍泉窑仍有供御器物的生產，因此宣德到天順時期官用瓷器的特徵仍待探索。

造型與景德鎮窑宣德朝器物相似，製作工整，釉色優美。其中，刻劃纏枝蓮紋或光素無紋的器物都值得特別關注，可以作爲探索宣德以後龍泉官器的重要參考。我們也期待將來在龍泉能够找到相應的窑址，爲我們帶來與以楓洞岩爲代表的早期官器生產管理體製不同的信息[柒肆]，豐富我們對龍泉官用瓷器生產的認識。

八、明代中期之後的龍泉窑

（一）明代中期以後龍泉窑生產概況

明代早期仍是龍泉窑的全盛時期。明代中期以後龍泉窑逐漸衰落，多數產品粗糙厚重，質量不高。《乾隆龍泉縣志》卷之三《賦役志》「物產」條記龍泉窑的生產情况曰：「青瓷窑（小注：一都琉田）：瓷窑昔屬劍川，自析鄉立慶元縣，窑地遂屬慶元，去龍邑幾二百里。明正統時顧仕成所製者已不及生二章遠甚。化治以後，質粗色惡，難充雅玩矣。」[柒伍] 表明與同期景德鎮生產的精美產品相比較，龍泉窑的質量已難稱上乘。國内市場上已難見龍泉窑的踪影。明代逐漸形成的精緻產品由景德鎮生產，粗大笨重的器物由各地窑場承造的分工模式，使龍泉窑逐漸被定位爲一個供給粗路產品的地方窑業生產區域。同時，宣德以後明王朝推行的海禁政策，極大地削減了龍泉窑的出口，依靠走私形成和維繫的國内外市場也逐漸被景德鎮青花瓷，福建地區漳州窑、德化窑，廣東石灣窑產品所占領，龍泉窑的市場份額大幅縮水。海外市場的品味也從數百年來對青瓷器的追逐轉向了青花瓷。龍泉窑產品質量、銷量下降，盈利微薄，然「利微而課額不減，民甚病焉」[柒陸]，導致瓷窑大大減少，部分窑工遷往景德鎮繼續生產，龍泉窑走向了式微。

明代中期以後，龍泉南區除大窑仍在生產外，金村、溪口等地均已停燒，生產的中心位置移向龍泉東區和慶元竹口溪流域。天啓年間，龍泉山民許氏後裔從江西遷回慶元竹口，繼承祖業，置窑燒造青瓷。其產品帶有元明龍泉窑的主體風格，同時又融入了景德鎮的某些工藝特徵。

總體上看，明中期以後，盡管龍泉窑的生產漸趨衰微，但窑火不斷。

（二）瓷器特徵及裝燒工藝

胎：明代中期以後，器物質量下降是龍泉窑衰落的集中表現。元代中後期以來本已厚重敦實的胎體進一步增厚，給人笨重之感；製瓷原料缺乏加工，與此前的各期相比，胎質粗劣，製作粗糙。可能由於胎料中所含鐵、鈦等着色元素較多，本時期器物在露胎處往往形成深重的火石紅色。

釉：器物釉層有厚薄之分。釉層厚者相對較精，釉光潤澤，但色澤不够明快，顯得較黯淡；釉層薄者玻璃質感明顯，往往開長條狀斜縱向開片。釉色以淡青、灰緑爲主色調，盡管釉色光亮，但已失去了龍泉窑傳統的溫潤、含蓄韵味。

紋飾：裝飾技法仍以刻劃花、戳印、剔地刻花爲主。刻劃花構圖較簡潔，但顯得潦草，且綫條凝滯。紋飾題材豐富多樣，刻劃花、剔地刻花題材很多是一樣的。圖案以纏枝蓮紋爲最多，此外還有菊花、牡丹、茶花、葵花、荷花、荔枝、桃子和枇杷等折枝植物花果紋樣以及吉祥語「清香美酒」「福如東海」「壽比南山」等。明代晚期有一類器物多以大株的花卉作裝飾，花頭碩大，枝繁葉茂，花莖肆意彎曲盤旋，圖案不甚繁縟却也「頂天立地」。描繪圖案時先用剔地手法刻畫出花卉的輪廓，而後再刻劃細部綫條。圖案整體大氣開闊，瀟灑率意，配以清冽透亮的青緑色或淡青色釉水，氣質清新，別具一格，與龍泉青瓷傳統的刻劃花風格迥異，應是吸收了外來的裝飾因素。戳印紋飾更加豐富，有各式花紋，如人物紋、福鹿紋、錢紋、金剛杵紋、雜寶紋、「金玉滿堂」「顧氏」「王氏」「石林」銘等[柒柒]。雕塑、鏤空（圖二十八：明中期鏤空人物紋殘器，引自：《龍泉大窑楓洞岩窑址出土瓷器》，圖版二一九）等方法也有應用。

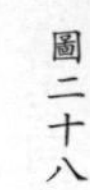

圖二十八

圖二十九

圖三十

產品種類：本期的主要器型有碗、盤、盞、碟、盆、花尊、蓋罐、執壺、梅瓶、玉壺春、福壽瓶、魚耳瓶、方瓶、鳳尾尊、爵杯、筒式爐、樽式爐、洗式爐、鬲式爐、梅瓶蓋、荷葉形蓋、素胎獅紐蓋、八角形蓋、菱口形蓋、鏤空器座、卷缸、投壺、盞托、高足杯、菇芯燭臺、高圈足燭臺、碾鉢、水注等。明代中期以後特別流行雕塑器物，包括各類儒佛道的造像（圖二十九：明中期佛坐像殘件，引自：《龍泉大窑楓洞岩窑址出土瓷器》，圖版二二〇），以及仿生的文玩和香具，種類十分豐富。器物總體造型向深圓瘦長發展，呈口小腹深狀，給人不穩重之感〔柒捌〕。這在碗類（圖三十：龍泉安福窑址出土明代劃花碗，引自：《浙江龍泉縣安福龍泉窑址發掘簡報》，《考古》一九八一年六期，圖版十二）和瓶類器物中尤爲突出。

裝燒工藝：除沿用早期墊具外，碗盤類器物更多的使用一種帶凹洞的泥質墊餅，致使某些器物底心有點釉〔柒玖〕。絕大多數器物用粗製的墊餅、墊圈承托器底，器底無釉或一圈無釉〔捌拾〕。

九、清代的龍泉窯

清代龍泉窑仍在延燒，許氏家族也還在竹口、新窑一帶燒製青瓷。乾隆中葉，明代後期從龍泉遷出的范姓村民回到小梅鎮孫坑繼續生産青瓷。以往被坊間稱爲「乍浦龍泉」的青瓷製品，其實就是龍泉孫坑的產品〔捌壹〕。故宮博物院收藏有帶「大清光緒十九年」名款的青釉刻劃紋瓶，表明孫坑窑的生產一直延續到清代末年。同期，大窑的幾處地點亦有青瓷的生產。清代後期，麗水的九個縣區都有生産青瓷的窑場。總體來看，這一時期的青瓷產品較粗厚敦實，釉色淡青。同時，龍泉地區又出現了一批燒造青花瓷器的窑場，如慶元於上鄉樟坑村外山窑址、黄田鎮下濟村窑址等。其產品單一，以加飾簡單青花散草紋的青白釉碗、盤爲主要產品，當地人將這類器物俗稱爲「蘭花器」。

清代產品胎骨堅硬，呈灰或灰白色，施青色透明薄釉，釉色以青灰爲主，也有青或青黄色。釉水流動性之强爲龍泉青瓷歷代之最，往往在刻花及器物轉角處形成青褐色積釉，甚至有潑灑淋漓之感，也自成風格。紋飾有梅、蘭、竹、菊、牡丹、荷葉、蓮瓣、雲、龍、魚、寶珠、八卦、鼓釘和斜方格紋等，圖案常對稱分布，多數爲刻劃而成。圖案的紋樣布局簡單、呆板並且程式化，具有鮮明的時代風格。同一圖案普遍應用於不同器物之上。除刻劃花外，鏤空和剔地的裝飾手法也有發現。瓶類器物多見，如鳳尾尊、筒式瓶等。有些器物上下比例失當，給人重心不穩之感。這類產品應當是融合了其他地區的製瓷風格。「乍浦龍泉」器物即爲該類產品。

叁、龍泉窑青瓷的外銷及影響

龍泉窑之所以能够在宋元時期從一個產品衹供應周邊地區的地方小窑，迅速發展爲一個窑場衆多、遍布整個甌江流域的龐大窑區，除了得益於其自身優越的自然條件及不斷提高的製瓷技術外，海外市場的需求也是拉動龍泉瓷業迅猛發展的强大動力。宋元時期海外貿易的發展給龍泉窑帶來了勃勃生機。

一、龍泉窑外銷發展的階段性

龍泉青瓷的外銷肇始於其創燒時期。

九至十世紀是中國古代瓷器外銷的濫觴之始，但就在這一時段內，瓷器外銷亦迅速達到了第一個高峰〔捌貳〕。這得益於五代十國割據局面下，位於東南沿海地區的幾個王國爲了維持運行和强大自我所大力開展的海上貿易活動。北宋建國後，統治者亦深刻認識到海上貿易對於財政收入的重要作用。宋神宗曾詔臣子曰：「東南利國之大，舶商亦居其一焉。昔錢、劉竊據浙、廣，內足自富，外足抗中國者，亦由籠海商得術也。」〔捌叁〕北宋先後在廣州、杭州、明州、泉州、密州等處建立市舶司，在秀州設市舶務〔捌肆〕。這使得海上的貿易活動持續開展，相延不斷。不過，晚唐以來瓷器外銷主要是以長沙窑和越窑生產的青瓷爲主，十世紀越窑則成爲最重要的外貿船貨。但十世紀末到十一世紀，正是北宋經濟迅猛發展，對海上貿易甚少依賴的時期，這段時間又正值中國古代製瓷業生產中心北移，越窑開始衰落，龍泉窑逐漸興起的時期。在這一此消彼長的嬗遞時期，兩窑都未能大力開展外銷活動；同時，中國瓷器輸往印度洋地區的咽喉要道馬六甲海峽一帶又陷入戰亂。因此，十世紀末到十一世紀是中國古代瓷器通過海路外銷的低谷時期。故直到北宋晚期，龍泉青瓷衹有極少量運銷到境外〔捌伍〕。從目前收集到的資料來看，東亞地區的朝鮮半島和日本出土過一些早期龍泉窑瓷器〔捌陸〕。東南亞地區亦零星發現有龍泉青瓷，如在蘇門答臘北部地區曾發現北宋時期的碗和盤各一件。另外，在泰國的班薩拉恩攀遺址、菲律賓的一些遺址中也發現幾片北宋龍泉青瓷〔捌柒〕。

宋室南遷以後，國土日蹙，而養兵日多，經濟上更爲倚賴海外貿易。南宋政府在江陰、温州增設市舶務，在澉浦增設市舶場〔捌捌〕。宋高宗紹興十六年（一一四六年）詔曰：「市舶之利，頗助國用，宜循舊法，以招徠遠人阜通貨賄。」〔捌玖〕寧宗嘉定十二年（一二一九年）「臣僚言以金銀博買，泄之遠夷爲可惜。乃命有司止以絹帛、錦綺、瓷漆之屬博易……」〔玖拾〕龍泉窑生產工藝的成熟，使其成爲當時最適合海上貿易的船貨。同時，南宋政府鼓勵瓷器出口的政策，也直接促進了龍泉窑的發展。龍泉窑產品從南宋時期開始大量外銷，南宋中後期已成爲最爲重要且較高檔的輸出品。南宋後期趙汝適《諸蕃志》中提到的瓷器外銷國家包括越南、柬埔寨、印尼、馬來西亞、斯里蘭卡、印度、坦桑尼亞、菲律賓等地〔玖壹〕。這個時期，龍泉窑瓷器仍被較多地輸往東亞的日本和朝鮮半島，在東南亞地區也有較多的發現。如在印尼爪哇海發現的時代爲十二世紀的惹巴拉沉船（Jepara Wreck），就出水了一定數量的龍泉窑瓷器〔玖貳〕。特別值得關注的是，正是從南宋後期開始，龍泉窑瓷器開始大規模地輸往中東和非洲地區。它們被當作最高檔的瓷器製品有意輸往路途遥遠的中東地區，這代表着一種根據瓷器質量選擇輸出地點的貿易模式：中國的貿易者有意選擇了質量最精美的器物運往最遥遠的地點，以換取當時人們倍加珍視的香料、犀角和玻璃器等商品〔玖叁〕。開羅美國大學在對埃及福斯塔特遺址的發掘中，發現在相當於南宋中後期的阿尤布王朝（Ayyubid，在埃及的統治時間是一一六九至一二五〇年）時期地層中，龍泉窑瓷片有較大量的出土，這被斯坎倫教授形容爲「（龍泉青瓷）像洪水一般涌入埃及」〔玖肆〕。東非肯尼亞也出土了少量南宋時期的龍泉窑瓷器〔玖伍〕。

元代雖數次禁商泛海，但每次海禁持續時間都不長。總體看來元朝政府獎勵互市，實行鼓勵海外貿易的政策，並在廣州、泉州、慶元（浙江寧波）、澉浦、杭州、温州等地設立市舶司，另外還設立「海南海北博易提舉司」管理廣西沿海和海南島的海外貿易〔玖陸〕。本時期與中國貿易往來的地區大爲增加，瓷器貿易也有所擴大，龍泉青瓷的外銷則達到了鼎盛。汪大淵《島夷志略》中明確提到以「處州磁器」「青白處州磁器」「處州磁」「處器」「處瓷」「處瓷器」「青處器」等博買的地區有琉球（今中國臺灣）、無枝拔（今馬六甲）、麻里魯（今馬尼拉或波利略）、蘇禄（今菲律賓蘇禄群島或專指和樂島）、舊港（今印度尼西亞蘇門答臘島東南部巨港）、龍牙門（今新加坡南岸偏西之海峽石叻門，今名克佩爾港）、花面（今印度尼西亞蘇門答臘島北部）〔玖柒〕。元代時輸往西亞中東乃至東非地區的龍泉窑產品比較多，部分器物的質量相當高，這或許與帶有官方性質的貿易有關。一般認爲，在蒙古人第三次西征中建立的伊爾汗國與中央大汗國之間基於血緣的親情膠固關係，可能導致了二者間繁密的海上交通的形成，從而掀起了這次中國與印度洋地區海上貿易的高峰。

從元代開始，龍泉窑開始有意識地根據海外不同地區人們的生活習慣和偏好來生產瓷器，如上文提到的行銷到中東地區形體碩大的盤、碗，流行於東南亞地區小巧玲瓏的罐、壺類產品等等。前者是爲了適應中東地區多人圍坐就餐的習俗，而後者則主要用於隨葬，都是根據當地的需求而生產的。元代龍泉窑已成爲當時輸出瓷器數量最多的一個窑場，在瓷器外銷中占據了最重要的地位。海外的大量需求和龍泉窑自身的高度發展，二者相輔相成，互爲因果。

明代初年，中國出現了由政府主導的大規模航海活動——鄭和下西洋。這段時間也是海上貿易十分活躍的時期。然而人們在檢討考古發現的資料後曾一度認爲，在環印度洋地區發現的明初中國外銷瓷資料十分稀少。經過近些年的研究和考古新發現的揭露，人們逐漸發現，在元末到明初這一時段內中國瓷器的外銷其實並不稀少，並且主要是龍泉窑瓷器在外銷中扮演了主角。造成上述誤解的原因在於，過去一段時間裏學界對龍泉窑元代後期和明初的產品尚不能很好地區分，因此將大量明初的資料斷代爲元代，從而混淆了事實的真相。其實，相似的錯誤觀點在學界由來已久。如有學者基於南中國海和印度洋地區發現的沉船資料，指出在十五世紀前半葉的一段時間（包括鄭和航海的十五世紀前二十五年），中國瓷器在海外很少被發現，而在中國傳統上所稱的南海地區（包括今東南亞到印度洋地區）則發現了較多的越南和泰國瓷器。所謂的「Ming Gap」，主要指在一四二五年至一四八〇年之間中國外銷瓷的一段考古資料上的缺環。而人們幾乎沒有發現產於一三五二至一四八七年這一百餘年間的中國外銷青花瓷。這種現象被認爲是明統治者的海禁政策所致〔玖捌〕。這種情況在我們調查東非肯尼亞共和國沿海地區遺址中出土的中國瓷器時得到了印證。不過，外國學者所沒有注意到的是，目前發現的明代初期龍泉窑瓷器的數量實際上還是相當大的，衹是景德鎮瓷器少有發現而已。

圖三十一

我們在非洲肯尼亞的調研中發現了一些明代初年龍泉窑生產的官用瓷器（圖三十一）。這類器物在國內的考古資料中也曾被大力搜尋。然而，即便在明朝一些最重要的功臣墓葬中，如徐達家族、沐英家族以及其他一些王侯墓葬，都幾乎没有這類龍泉官器出土〔玖玖〕。這證明了其供宫廷使用的專一性質。而在海外的一些重要遺存中，如肯尼亞沿海地區遺址、土耳其奥斯曼帝國托普卡帕皇宫博物館〔壹佰〕等，都有龍泉官器的發現。這表明明代初年龍泉窑的瓷器曾較多地用於海上貿易，而其中的官用瓷器則有一部分可能是專門用於出口的。由於這類官器是由政府下樣，而且龍泉貢御的記載又在《大明會典》工部條下〔壹零壹〕，結合明初大規模的航海活動，我們可以初步判定，龍泉生産的青瓷官器是由工部委派燒造的，部分産品可能用於官方的活動和賞賜。永樂官窑中特别流行的大盤子，至少有一部分是爲鄭和航海製造的用於賞賜航海所到之處的各地統治者。

明代宣德以後直到隆慶年間的很長一段時間裏明政府一直實行海禁，但以朝貢貿易和走私貿易爲途徑的瓷器輸出一直没有停止過。明代中期以後龍泉窑逐漸衰落，在文獻中的反映爲化治以後「質粗色惡」〔壹零貳〕。但直到明末，龍泉青瓷還有一定數量的外銷。《龍泉縣志》記載崇禎十四年七月，由福州運往日本瓷器二七〇〇〇件，同年十月有大、小九十七艘船舶運出龍泉青瓷三〇〇〇〇件，在日本長崎上岸」〔壹零叁〕。然而隨着明代景德鎮青花瓷生産的成熟及其在海外的認同，龍泉窑的輸出份額被大幅擠占，在外銷中逐漸降於次要地位。此外，明代中後期開始，龍泉青瓷在對東南亞的外銷中逐漸受到泰國和越南青瓷的衝擊，數量逐漸減少。在南中國海域、中南半島西部海域和爪哇海發現的衆多十六世紀的沉船中，出水瓷器往往以景德鎮的産品爲多，同時也充斥着泰國和越南産的瓷器，而鮮有龍泉窑産品〔壹零肆〕。而龍泉窑外銷的衰落也直接導致了龍泉窑整體生産的衰落。

二、龍泉窑外銷舉證

隨着世界各地考古工作的廣泛開展和人們對於傳世、出土遺物的普遍重視，龍泉青瓷在世界各地的分布情況逐漸清晰起來。

（一） 東亞地區

朝鮮半島是與古代中國物質、文化交流最爲頻繁的地區之一。龍泉青瓷曾在那裏有過深遠的影響。高麗墓葬中就曾出土過「河濱遺範」銘的典型龍泉青瓷碗〔壹零伍〕。新安沉船出水的龍泉青瓷是一次比較集中的發現。該船約沉没於一三二三年或其後不久，出水龍泉青瓷一萬件左右，器物種類極其豐富，幾乎囊括了當時龍泉窑所有的瓷器品種。實際上，龍泉窑輸出的繁榮時期，也正是高麗青瓷生産的高峰時期，所以輸往朝鮮半島的龍泉窑産品數量並不大。根據沉船出水的木櫝研究，新安沉船的目的地實則爲日本，因爲迷航而沉没於韓國。不過高麗青瓷也深受龍泉青瓷的影響〔壹零陸〕。

龍泉青瓷亦曾遠銷到日本的博多、太宰府、鎌倉、福岡、長登等地〔壹零柒〕。十一世紀中葉到十二世紀前期，中日兩國之間「突然打破了陶瓷貿易的沉寂」，中國陶瓷在日本被較多發現。博多、太宰府出土了個别裝飾有「直綫紋、變形S紋」的初期龍泉窑系青瓷〔壹零捌〕。然而此時期中國外銷陶瓷的主流却是一種胎質、釉色皆粗的南方白瓷」〔壹零玖〕，龍泉青瓷還未凸顯出重要性。到了南宋早期，以薄釉、厚胎、刻劃花爲特徵的龍泉窑典型産品數量開始增多，主要器物種類爲碗、盤之類〔壹壹零〕。從此，龍泉窑和福建同安窑系青瓷開始逐漸占據外銷到日本的中國瓷器的主流地位，這種情況一直延續到十四世紀。南宋中期到元代早期（十三世紀前期至十四世紀前後），龍泉青瓷的質量臻於鼎盛。日本開始流行一種「全體施釉，而足底刮釉，器壁薄，施釉厚，上品者呈現出翡翠色」的龍泉青瓷。這種青瓷在日本被稱作「砧青瓷」，備受珍愛。此外，厚胎薄釉的品種也仍有發現。本時期出土龍泉青瓷的地點主要有博多、太宰府、平安京、鐮倉等地。其中，鐮倉爲一一九二年至一三三三年日本的政治中心，出土了大量南宋晚期至元代的龍泉窑青瓷[壹壹壹]。勝連城多處出土元代龍泉窑大盤。十四世紀上半葉（元代中後期）日本發現的龍泉窑青瓷「有粗糙化傾向，出現碗心一圈刮釉的砂圈迭燒粗製批量生產」，這一情況和國內龍泉青瓷生產質量下降的事實相符合。但產品種類却更爲豐富，有「碗、杯、香爐、盤、瓶等等」[壹壹貳]。韓國新安沉船出水的龍泉窑瓷器集中代表了元代中期輸往日本產品的種類和面貌。值得注意的是，龍泉窑產品的對日銷售是一種以日本商人爲主導的貿易。較高檔的龍泉窑產品在當時更多地被中國商人銷往西亞、中東地區，這正是前述的根據產品質量而分別銷往不同地區的貿易模式的體現。由上文可知，早在南宋時期龍泉窑產品在日本就備受推崇。然而元代以前銷往日本的瓷器則以質量稍差的同安窑系產品爲主。同安窑產品在日本受到追捧，或許並不是一種自然的選擇與偏愛，而是由於這類器物的大量輸入，造成日本消費者被動接受的結果。盡管如此，十四世紀後半期中國向日本銷售的龍泉青瓷數量大增，達到了出口青瓷的高峰[壹壹叁]。調查顯示，沖繩諸島的石垣島、西表島、與那國島等海濱出土了很多十四至十五世紀以龍泉窑爲主的中國陶瓷[壹壹肆]。元代以後，中國陶瓷在日本的出土數量與其他地區相比有所下降。特別是十五、十六世紀，龍泉青瓷在日本的出土量大減[壹壹伍]。成化以後（十五世紀後半葉），隨着中國國內白銀貨幣化的出現，中日之間的白銀貿易發展了起來，但這個時期有關瓷器的貿易情況尚較少有學者關注。

（二） 東南亞地區

地處中南半島的越南、柬埔寨、泰國出土有數量可觀的龍泉窑瓷。這裏發現的龍泉窑瓷器從南宋時期到明代相沿不斷，是龍泉窑外銷的一個主要目標地區。龍泉窑產品對當地的製瓷業產生了巨大的影響。越南和泰國都在不同時期模仿龍泉窑生產出很多風格相似的青瓷器[壹壹陸]。不過，盡管東南亞地區是中國瓷器外銷最大、最重要的市場，但作爲精品瓷器代表的龍泉青瓷，在這一地區發現的中國瓷器中所占比例並不大，而且主要是東區的產品，真正的龍泉窑精品並不多見。

具體的例證可以柬埔寨吴哥遺址的發掘資料爲代表。一九九四年日本考古隊在發掘和復原十二塔廟的過程中，在每層的建築泥層內都發現了中國瓷片。其中部分爲浙江龍泉窑系青瓷產品，其次爲華南地區閩、浙一帶生產的青瓷。器類以飲食器爲主，碗、盤最多；次爲生活用器，如粉盒等；另外還有瓶、壺、罐、爐、器蓋等器類。器型包括宋以來流行的青瓷蓮瓣紋碗、束口碗和平折沿盤等；粉盒更是多種多樣，有扁圓形、八棱形、瓜棱形等南宋至元代盛行的造型，很可能是福建德化和安溪等窑口的作品。柬埔寨十二塔廟二〇〇〇年出土的中國瓷器，年代約當南宋至元代（十二至十四世紀），窑口以浙江龍泉窑系和華南閩、浙、贛等地窑口生產的瓷器爲大宗[壹壹柒]。

位於東西海上交通樞紐地帶的印度尼西亞和菲律賓的許多地方也都有龍泉青瓷的出土，有些數量還很龐大。印度尼西亞國立博物館收藏有荷蘭人 Egbert Willim van Oorsoy de Flines（一八八六至一九六四年）捐贈的六千餘件中國陶瓷，其中就有大批的龍泉窑器物，且不乏精品。據報告，他收藏的瓷器都出土於爪哇島。如果這些信息無誤，則這些器物皆可作爲龍泉窑瓷器輸往東南亞的證據[壹壹捌]。印尼其他各大博物館中也藏有大量宋元明時期的龍泉瓷精品[壹壹玖]。

發現於東南亞地區的幾條沉船資料，可以爲研究龍泉窑瓷器銷往東南亞的階段性提供一些信息。

惹巴拉沉船（Jepara Wreck）發現於惹巴拉的中爪哇鎮（Central Javanese town）附近水下約四十米處。船上所載貨物主要爲南宋早中期福建德化和同安窑瓷器以及浙江龍泉青瓷器。該船可能從福建泉州出發，目的地是惹巴拉、圖班或者東爪哇的格雷西（Gresik），年代可能爲十二世紀[壹貳零]。這是最早的成批龍泉窑器物的外銷資料，大體代表了龍泉窑外銷的起始時間。

伯拉納坎沉船（Belanakan Wreck）發現於西爪哇的烏戎格拉旺（Ujung Kerawang），年代約爲十五世紀。船上所載貨物主要有越南青花瓷器、泰國宋加洛瓷、中國青花瓷器以及浙江青瓷。該船的目的地可能是圖班的莫焦帕黑（Mojopahit）港口[壹貳壹]。

一九九九年，巴卡奥（Bakau）島外海域發現一艘十五世紀初的沉船，船上載有中國、泰國和越南的陶瓷。該沉船被發現於距離印尼卡里馬達海峽（Karimata）西邊的巴卡奥島二十四海里處。從船上的中國瓷器、錢幣以及碳十四測年可以判定該船的年代爲十五世紀早期。船體爲中國製造，從中國南部起航，經泰國至印度尼西亞。沉船中發現有泰國的素可泰窑和宋加洛窑瓷器，中國的龍泉青瓷，以及部分越南的釉下彩瓷器[壹貳貳]。

從後兩條沉船的資料可見，明代中期龍泉窑的外銷開始衰落。東南亞地區生產的青瓷對龍泉青瓷外銷形成了很大的衝擊。

菲律賓出土的龍泉瓷以刻花碗爲多，此外還有五管瓶[壹貳叁]。元代龍泉瓷則以小件器物爲多，典型器物包括壺、罐、爐等[壹貳肆]。

（三）西亞、中東地區

西亞、中東地區是殖民時期以前中國瓷器外銷最主要的目的地之一。中國瓷器對該地區的外銷從九世紀開始即相沿不斷。中國和西亞中東地區作爲環印度洋貿易圈的兩個最重要的端點，雙方都盛産對方非常需要的商品。因此，輸往西亞、中東地區的瓷器總是中國外銷瓷中質量最高的一類。波斯和阿拉伯商人是海上貿易最活躍的群體，長時間掌控着印度洋沿岸地區的主體貿易。因此，中國對西亞中東地區陶瓷貿易的興衰很大程度上體現了中國瓷器外銷的總體面貌。龍泉窑瓷器是明代中期以前銷往這一地區的最重要的商品之一，深受當地人民的喜愛。因此，在此區的許多地方都出土有龍泉窑的瓷器。

這一地區最具有代表性的遺址當屬埃及的福斯塔特遺址，即舊開羅遺址。該遺址是中東地區通往地中海的一個商品集散地。中國瓷器從紅海上岸後運到這裏，再經過亞歷山大港運銷地中海地區。從二十世紀初開始福斯塔特遺址歷經多次考古發掘和調查。據統計，該遺址出土的中國瓷器至少在兩萬件片以上[壹貳伍]。通過對福斯塔特遺址出土中國瓷器的調查與研究可以看到，龍泉青瓷早在法蒂瑪王朝時期（九六九至一一六八年）便已傳入埃及，福斯塔特遺址曾發現少量早期龍泉青瓷，如內壁刻劃花篦點紋碗[壹貳陸]、雙面刻劃花碗等品種。而到了阿尤布王朝時期（一一六九至一二五〇年），龍泉青瓷大量湧入埃及。開羅、亞歷山大、庫賽爾等地發現了大量龍泉瓷碎片。南宋中後期的龍泉青瓷質量上趨於鼎盛，受到埃及人的珍視，並在稍後進行了仿製[壹貳柒]。有學者通過調查認爲，十二至十四世紀該遺址出土的青瓷片都是龍泉青瓷。其中元代龍泉瓷片最多，包括了元代早期器型以及元代特有的大型器物〔壹貳捌〕。到了馬木魯克時期（一二五〇至一五一七年），輸往埃及的龍泉瓷數量仍然很大，但也因青花瓷、白瓷、彩瓷等品種瓷器的影響而在此後漸趨萎縮，當地人也不再仿製龍泉青瓷〔壹貳玖〕。

土耳其托普卡帕皇宮博物館收藏有一四五〇件元明時期龍泉青瓷，都是不可多得的精品。這些產品不全是龍泉窯爲奥斯曼帝國生產的，許多器物是奥斯曼帝國在征服中東廣大地區的過程中從今天的伊朗、叙利亞、埃及和其他國家搶掠來的。因此托普卡帕皇宮博物館的收藏集中代表了元明時期龍泉窯瓷器輸往西亞中東地區的總體面貌。其中許多龍泉窯器物在國内都頗爲罕見，個體巨大的盤碗特别多見，而且還有一些明初龍泉官器的典型器物。許多瓷器被鑲嵌上異域風情的金銀寶石，當地人對龍泉青瓷的寶愛可見一斑〔壹叁零〕。

伊拉克亦曾出土南宋到元代的龍泉青瓷〔壹叁壹〕。

元代是龍泉窯瓷器輸往西亞中東地區的高峰時期。由元世祖忽必烈的胞弟旭烈兀建立的伊爾汗國，與中央汗國保持了親密的關係。因此從元代開始，中國與西亞西區的貿易就帶有半官方的性質，中國還爲這一地區專門生產瓷器，比如景德鎮生產的青花瓷器，龍泉窯生產的適合西亞中東飲食習慣的大海碗等。在斯里蘭卡東海岸發現的尼拉威利沉船（Nilaveli）中出水的龍泉窯大碗，就是從中原地區運往西亞中東的高檔產品〔壹叁貳〕。

龍泉青瓷也通過中東地區銷往地中海沿岸及歐洲。青瓷的英文稱謂「Celadon」就是龍泉青瓷銷往法國時得到的美譽。此後，西方人將所有青釉瓷器都通稱爲 Celadon。

（四）非洲東部地區

在非洲發現的中國古瓷中，龍泉青瓷的數量僅次於青花瓷，它是宋、元時期向非洲出口的主要瓷種。通過我們對肯尼亞沿海地區兩個最重要的聚落遺址——上加遺址和格迪古城遺址出土的中國瓷器進行的調查統計，可以看到，龍泉窯瓷器在北宋時期極少發現，南宋時依然是鳳毛麟角，元代出現了爆炸性的增長，進入龍泉青瓷外銷非洲的高峰時期，這一高峰持續到明代初年。

以格迪古城爲例，我們對古城發掘出土的全部中國瓷器進行了調研，共計調查中國古代瓷器四三五件（片）。其中景德鎮窯瓷器一四九件，占總數的34.3%；龍泉窯瓷器二五七件，占總數的59.1%；福建窯口瓷器十二件，占總數的2.8%；廣東窯口瓷器十四件，占總數的3.2%；磁州窯瓷器一件，占總數的0.2%；不明窯口瓷器二件，占總數的0.5%。

在總計四三三件可斷代的瓷器中，元代瓷器共計一七五件，占總數的40.4%。其中景德鎮窯瓷器二十六件，占該期瓷器總數的14.9%；龍泉窯瓷器一四二件，占該期總數的81.1%；福建窯口瓷器四件，占該期總數的2.3%；廣東窯口瓷器二件，占該器總數的1.1%；磁州窯瓷器一件，占該期總數的0.6%。應該指出的是，元代龍泉窯的產品有一些應該可以早到南宋末期（十三世紀）。祇是由於龍泉窯的窯址太多，有些瓷片又比較小，難以準確的劃分出南宋末或元代前期。明代早期瓷器（洪武到天順時期）共計一一八件，占總數的27.3%。其中景德鎮窯明代宣德到天順時期瓷器四件，占該期總數的3.4%；龍泉窯明代早期瓷器一一四件，占明初瓷器總數的96.6%。從這兩組統計數據可以看出，元代到明初龍泉窯成爲銷往非洲的最大宗的商品，是其他窯口所無法比擬的。

除上述地區外，巴基斯坦東巴的巴博地區亦發現有南宋到元代的龍泉窑瓷器〔壹叁叁〕。印度也有元代龍泉瓷發現〔壹叁肆〕。

由於龍泉青瓷在海外的風靡，不少地區開始仿燒龍泉風格的青瓷。如上文提到的朝鮮半島、泰國、越南、埃及福斯塔特等。十二世紀末開始，日本愛知縣的瀨戸開始大量仿燒傳入日本的唐宋瓷器，這些產品被稱作「瀨戸燒」。鎌倉出土的很多「瀨戸燒」陶瓷壺、水注、梅瓶之類的器物與同時出土的龍泉窑青瓷在造型、紋飾等方面十分相似〔壹叁伍〕。

肆、龍泉窑的歷史成就

龍泉窑是繼越窑、耀州窑、汝窑、南宋官窑之後又一青瓷生產的高峰。其創燒於五代宋初，鼎盛於南宋至明早期，明代中期以後衰落，清晚期最終退出歷史舞臺，薪火相傳數百年，盛時窑火映紅甌江。龍泉青瓷將青釉之美推向極致，温潤如玉的粉青、青翠欲滴的梅子青不僅爲國人珍賞，更在異域大放異彩，令世界人民爲之傾倒。龍泉窑的歷史成就主要表現在以下幾點。

一、商品經濟高度發達環境下的集中生產模式

龍泉窑繼越窑而起。從九至十世紀開始，中國古代的製瓷業就開始出現生產集中、規模宏大的產區。九世紀之長沙窑，十世紀之越窑，都達到了前所未有的生產規模。而越窑的衰落，或許與浙東地區入宋以後經濟高度發達有關。宋代太湖流域的農業生產在全國最爲發達，紡織、印刷、釀酒等手工業也隨之繁榮〔壹叁陸〕。而製瓷業則需要較大的場地和宏大的規模，因此便淡出發達地區，在「多山少田」的處州地區發展了起來。這樣更有利於集中當地的人力、物力資源，採用相對集約式的途徑發展製瓷業。後來，龍泉窑逐漸發展出幾個片區，各片區又形成集中大批窑場的生產模式。這種現象在唐到北宋時期全國範圍内還尚未出現過。十二世紀以後，這種模式逐漸在南北方的許多瓷器產區出現，而龍泉窑則是全國集約式生產最成功的窑區之一。從以往的考古調查結果來看，片區的分布可能與製瓷原料的分布相關，而窑場的相對集中則適應了商品生產的需要，有利於開展深度的分工生產。如有的人户專門供應生產所需的某種原料、配料或設備等〔壹叁柒〕。從文獻記載看，這樣的分工方式在南宋後期的景德鎮已經出現了〔壹叁捌〕。盡管學界目前對龍泉窑生產當中的分工問題尚缺乏深入的研究，但考慮到龍泉窑在南宋到元代時全國無出其右的生產規模，推測其生產中必然存在某種很高程度的分工協作。我們至少可以看到，龍泉窑運營的最成功之處在於集中銷售的模式。在龍泉窑窑區這一廣大地域中分布的衆多窑場的產品，都被作爲同種特徵的產品，運銷到國内各地和遥遠的海外。同時，在龍泉窑的生產區域内又有面對不同人群、不同市場和生產不同使用功能器物的不同產區。龍泉窑這種在產區内針對不同等級市場需求而進行的分工，在全國的窑區中是最成功的，對後來福建地區和浙江金衢盆地出現的大規模窑業生產具有啓示作用。

二、生產工藝上廣採博取，勇於創新，將青瓷生產推向高峰

龍泉窑在不同的生產階段都積極吸納了當時的先進技術，並在此基礎上進行了再創造。

早期龍泉窑主要受到越窑的影響，在裝燒方法上採用泥點或墊環支墊的方式，裝飾上以刻劃花爲主，還一度流行過與越窑如出一轍的細綫劃花工藝。但不久龍泉窑就做出了有利於自身發展的改變。如採用墊餅支燒的裝燒方法，在葉片和花瓣的刻劃輪廓綫内填劃篦

紋等等，大體都兼顧了經濟和美觀。

南宋以後，龍泉窑採用了厚釉工藝。這種工藝傳自北方汝窑、鈞窑，但對龍泉青瓷的直接影響可能來自南宋官窑。薄胎厚釉青瓷的生產使龍泉窑在南宋後期聲名鵲起。龍泉窑在生産薄胎厚釉青瓷時進行了兩項主要的發明。一是開創了多次施釉的工藝。從窑址出土的瓷片看，龍泉窑多數厚釉瓷的施釉次數在三次以上，這使得其釉色更顯温潤凝厚，令中國古代青瓷的釉色之美達到了頂峰。龍泉窑在生産薄胎厚釉青瓷時除繼承多次施釉的工藝外，還在克服薄胎瓷易於形變的難題上做出了重大貢獻。從工藝發展史上看，定窑和景德鎮窑採用覆燒工藝，降低了器物變形率。多次上釉的龍泉瓷的釉層厚度是定窑白瓷和景德鎮青白瓷所無法比擬的，高温下釉水流淌嚴重，器物足部的積釉甚至厚達兩毫米以上。顯然，覆燒法不適用於龍泉青瓷。但龍泉窑仍然受其啓發並加以改進，發明了在正燒的器物口部刮釉一圈，然後架置極其薄俏的淺碟形瓷質墊蓋於其上的方式，給器物口沿一個均勻的外向支撑張力，有效克服了素燒和釉燒階段的口沿變形。同時，窑工們又巧妙地在墊蓋上再行疊燒器物，大大提高了對匣鉢空間的利用。龍泉窑的這一做法無異是薄胎厚釉器物生産歷史上的重大創舉。

龍泉窑的在南宋以後的長足發展，仍然得益於其對工藝技術進步孜孜不倦的追求及不竭的創新意識。

三、創建了青瓷審美的新模式

龍泉窑産品兼具南北方許多名窑裝飾的特長，神奇地匯集了清雅藝術和庶民藝術對審美取向的追求。

龍泉青瓷之美在於釉色。這一點與同樣以釉色取勝的汝窑、官窑、鈞窑相同。然而龍泉窑的釉色却又是千變萬化的。由於釉水配方、施釉厚度、燒成環境和曲綫的不同以及燒成時在長長的龍窑中窑位的不同，龍泉瓷成品的釉色亦隨之千差萬别，任何一個時期的産品都不能簡單地用某一種釉色來總結。而龍泉青瓷的釉色又是可控的。南宋後期薄胎厚釉青瓷、明初的官器，釉的呈色都相當穩定，具有鮮明的時代特征。同時，龍泉窑又在釉色之美的基礎上大力發展了裝飾手法和圖案，特别是剔地的裝飾，在當時可謂獨步一時。北方的定窑和耀州窑，都以紋飾的多樣而著稱，但都没有突破單色的效果，這兩個窑在釉色上都比較單一，遠不及龍泉窑的豐富多彩。我們看到，龍泉窑巧妙地將釉色之美與華麗紋飾和吉祥寓意結合了起來，使其成爲備受不同階層人士喜愛的産品。

龍泉青瓷之美還在於雅俗共賞。其精品優美的釉色、典雅的造型，比之高高在上的宋官窑亦毫不遜色。龍泉青瓷根植於民間，一景一物都是其不竭的靈感源泉。綴着露珠的荔枝、悠游自在的野鴨、騎牛晚歸的牧童皆可入畫，亦可化作人們愛不釋手的掌上珍玩。

龍泉青瓷之美還在於兼容並蓄。但凡可以增添青瓷之美的裝飾技法都被巧妙地吸納。細綫劃花在越窑工匠手中已臻完美，襯以龍泉勻淨的淡青釉色，竟也如此和諧。刻劃花之美在龍泉青瓷或清冽或瑩潤的釉水下表現得淋漓盡致。衹消一眼，怕再難忘懷那一泓水光瀲灩、蓮花摇曳生姿的荷塘美景。早在晉代時就被用來裝點青器的褐色點彩，在龍泉青瓷上重又焕發了生機。青與褐的結合原來是這樣的怡神悦目。

龍泉窑瓷是中國古代青瓷燒造史上空前絶后的高峰，其悠長的絶響至今震顫着我們的民族記憶。

【注解】

壹．朱伯謙：《龍泉青瓷簡史》，載浙江省輕工業廳編：《龍泉青瓷研究》，一至三七頁，北京：文物出版社，一九八九年；朱伯謙：《龍泉窑青瓷》，六、八頁，臺北：藝術家出版社，一九九八年。

貳．以往學者們多認爲龍泉窑的生産到明代中後期就停止了，如前揭朱伯謙文，近年來的考古工作發現，明代中期以後到清代早期龍泉窑的生産中心轉移到了慶元縣的竹口溪流域，産品也保持了相當的水平，但在全國的瓷器手工業中的地位已經不能與元代到明初同日而語。見鄭建明等：《浙江慶元地區古代製瓷業與慶元瓷文化——二〇一三至二〇一四年調查收獲》，《陶瓷考古通訊》二〇一四年二期，二三至二五頁。清代龍泉窑的窑址主要分布在浙江省龍泉市的瀑雲埠頭村、青溪孫坑村、南窖野窖村、寶溪溪頭村等地。窑址數量稀少，産品質量也較低，祇能算作龍泉窑生産的餘續。見龍泉縣志編纂委員會（林世榮主編）：《龍泉縣志》，二九九頁，北京：漢語大詞典出版社，一九九四年。

叁．麗水市文化廣電新聞出版局編（楊冠富主編）：《河濱遺範》，三五頁，杭州：浙江古籍出版社，二〇一一年。

肆．浙江省文物考古研究所編：《龍泉東區窑址發掘報告》，北京：文物出版社，二〇〇五年；緊水灘工程考古隊浙江組：《山頭窑與大白岸——龍泉東區窑址發掘報告之一》，載浙江省文物考古所編：《浙江省文物考古所學刊·一九八一》，一三〇至一六六頁，北京：文物出版社，一九八一年；中國社會科學院考古研究所浙江工作隊：《浙江龍泉縣安福龍泉窑址發掘簡報》，《考古》一九八一年六期，五〇四至五一〇頁；上海博物館考古部：《浙江龍泉安仁口古瓷窑址發掘報告》，《上海博物館集刊》第三期，一〇二至一三二頁，上海：上海古籍出版社，一九八六年；李知宴：《浙江龍泉青瓷山頭窑發掘的主要收獲》，《文物》一九八一年十期，三六至四七頁；中國歷史博物館考古部：《浙江龍泉青瓷上嚴兒村窑址發掘報告》，《中國歷史博物館館刊》一九八六年總第八期，四三至七二頁。

伍．浙江省文物考古研究所等：《雲和縣横山周窑址發掘簡報》，《東方博物》第三十三輯，八九至九九頁，杭州：浙江大學出版社，二〇〇九年。

陸．秦大樹、谷艷雪：《越窑的外銷及相關問題》，載沈瓊華主編：《二〇〇七，中國·越窑高峰論壇論文集》，一七七至二〇六頁，北京：文物出版社，二〇〇八年。

柒．根據第三次文物普查的資料，在唐初麗水蓮都區的吕布坑窑址就已開始生産青瓷器，中晚唐時期在慶元縣黄壇，松陽縣界首，青田縣石帆等地的四處窑址都已開始生産青瓷。參見麗水市文化廣電新聞出版局編（楊冠富主編）：《河濱遺範》，十一頁，前揭注。

捌．朱伯謙：《龍泉青瓷簡史》，載浙江省輕工業廳編：《龍泉青瓷研究》，一至三七頁，北京：文物出版社，一九八九年。

玖．鄭建明等：《浙江慶元地區古代製瓷業與慶元瓷文化——二〇一三至二〇一四年調查收獲》，《陶瓷考古通訊》二〇一四年二期，二三至二四頁。

拾．麗水市文化廣電新聞出版局編（楊冠富主編）：《河濱遺範》，十六頁，前揭注。由於這件器物是私人購自文物市場，傳説出於金村窑址，因此對其可靠性一直是學界質疑的焦點。

拾壹．麗水市文化廣電新聞出版局編（楊冠富主編）：《河濱遺範》，十三頁，前揭注。

拾貳．（宋）莊綽：《鷄肋編》，卷上，五頁，中華書局，二〇〇四年。

拾叁．圖片見：《上海博物館藏瓷選集》，圖二八，北京：文物出版社，一九七九年。

拾肆．朱伯謙先生將這件「太平戊寅」盤口壺作爲北宋早期淡青釉龍泉青瓷的實例；劉濤先生認爲該盤口壺爲越窑上林湖一帶窑場的産品；任世龍先生則認爲其窑口歸屬尚需進一步討論。詳見朱伯謙：《龍泉窑青瓷》，十一頁，臺北：藝術家出版社，一九九八年；劉濤：《宋遼金紀年瓷器》，八九至九〇頁，北京：文物出版社，二〇〇四年；任世龍：《龍泉青瓷的類型與分期試論》，《中國考古學會第三次年會論文集·一九八一》，北京：文物出版社，一九八四年。

拾伍·北宋中後期到南宋末期（十一至十三世紀中葉），盡管從南中國海到環印度洋地區的貿易始終在持續進行，但是總體上講是海上貿易的一個低潮時期。雖然還有少量海上貿易的發現，但規模却很小。這些零星的資料甚至不能支持大規模海上貿易的水平。這種現象很可能與占據馬六甲海峽的三佛齊王國先後與爪哇島的馬打蘭王國和位於印度的注輦王國的戰爭有關。這些戰爭使溝通南中國海和印度洋的水道馬六甲海峽處於交通不暢的狀態，從而阻滯了當時環印度洋的海上貿易，特別是阻滯了中國瓷器的輸出。參見王任叔著，周南京、丘立本整理：《印度尼西亞古代史》，二九頁，北京：中國社會科學出版社，一九八七年。

拾陸·秦大樹、謝西營：《八月湖水平，涵虛混太清——越窑的歷史與成就》，載秦大樹、陳國楨主編：《疊翠——浙東越窑青瓷博物館藏青瓷精品》，八至六五頁，北京：文物出版社，二〇一三年。

拾柒·如一九六〇年發掘的龍泉大窑杉樹連山西北部山崗上編號爲T10的堆積坑，詳見朱伯謙：《龍泉大窑古瓷窑遺址發掘報告》，載浙江省輕工業廳編：《龍泉青瓷研究》，四七至四九頁，北京：文物出版社，一九八九年。

拾捌·一九六〇年對金村的發掘和調查中共發現七處北宋后期的遺存，詳見張翔：《龍泉金村古瓷窑址調查發掘報告》，載浙江省輕工業廳編：《龍泉青瓷研究》，六八至九一頁，文物出版社，一九八九年。

拾玖·朱伯謙：《龍泉窑青瓷》，第十頁，前揭注。

貳拾·麗水市文化廣電新聞出版局編（楊冠富主編）：《河濱遺範》，十七頁，前揭注。

貳壹·（宋）龔原：《治灘記》，載（清）蘇遇龍重修：《乾隆龍泉縣志》，卷之十二《藝文志》，七、八葉（此志爲蘇遇龍據順治乙未［十二年，一六五五年］徐可先所修《龍泉縣志》重修本，成書於乾隆二十七年［一七六二年］）。龍泉市博物館藏乾隆刊本。

貳貳·（清）齊召南：《重修龍泉縣志序》：「群流匯於留槎之閣，宅幽勢阻，踞東甌上游，實爲浙閩要地。灘多險阻。已經疏鑿，可筏可舟。」見《乾隆龍泉縣志》，卷首，二葉，前揭注。

貳叁·朱伯謙：《龍泉窑青瓷》，十二頁，前揭注。

貳肆·緊水灘工程考古隊浙江組：《山頭窑與大白岸——龍泉東區窑址發掘報告之一》，一四二頁，前揭注。

貳伍·浙江省文物考古研究所編：《龍泉東區窑址發掘報告》，三九四頁，前揭注。報告中所稱的「錐刺紋」即本文所指的「篦點紋」。

貳陸·任世龍：《龍泉青瓷的類型與分期試論》，一二二頁，前揭注。

貳柒·如一九六〇年發掘的位於大窑杉樹連山西北部山崗編號Y3、Y4的兩條龍窑。

貳捌·一九六〇年對金村的發掘和調查中共發現十一處兩宋之際到南宋中期的遺存，典型的有十六號窑址第②層等。詳見張翔：《龍泉金村古瓷窑址調查發掘報告》，六八至九一頁，前揭注。

貳玖·如金鐘灣北宋末期窑址Y22、碗圾山窑址。

叁拾·如山頭窑上段南宋早中期窑址Y13等。

叁壹·麗水市文化廣電新聞出版局編（楊冠富主編）：《河濱遺範》，十七頁，前揭注。

叁貳·浙江省文物考古研究所編：《龍泉東區窑址發掘報告》，三九五頁，前揭注。

叁叁·緊水灘工程考古隊浙江組：《山頭窑與大白岸——龍泉東區窑址發掘報告之一》，一四四頁，前揭注。

叁肆·張翔：《龍泉金村古瓷窑址調查發掘報告》，八八頁，前揭注；浙江省博物館編：《浙江紀年瓷》，圖版二〇六，北京：文物出版社，二〇〇〇年。

叁伍·中國社會科學院考古研究所浙江工作隊：《浙江龍泉縣安福龍泉窑址發掘簡報》，五〇五頁，前揭注；緊水灘工程考古隊浙江組：《山頭窑與大白岸——龍泉東區窑址發掘報告之一》，前揭注。

叁陸·朱伯謙：《龍泉大窑古瓷窑遺址發掘報告》，六六頁，前揭注。

叁柒．中國社會科學院考古研究所浙江工作隊：《浙江龍泉縣安福龍泉窰址發掘簡報》，五〇八頁，前揭注。報告稱這種改進的龍窰爲「分室龍窰」。

叁捌．如安福大栗山窰址。

叁玖．如安仁口的嶺脚窰，碗圈山二號、三號窰和入窰灣一號、二號窰的燒造年代都推定爲元代中晚期。詳見上海博物館考古部：《浙江龍泉安仁口古瓷窰址發掘報告》，第一二八頁，前揭注。

肆拾．朱伯謙：《龍泉窰青瓷》，十七頁，前揭注。

肆壹．朱伯謙：《龍泉青瓷簡史》，十四至十五頁，前揭注；李喜寬：《南宋官窰瓷器與「極其精緻」「釉色瑩澈」——有關南宋官窰瓷器的製作技術的幾個問題》，《臺灣大學美術史研究集刊》第三十期，二〇一一年，三五至八二頁；沈岳明：《素燒與多次上釉小議》，載中國古陶瓷學會編：《中國古陶瓷研究》第十二輯，二〇六至二一〇頁。

肆貳．中國歷史博物館考古部：《浙江龍泉青瓷上嚴兒村窰址發掘報告》，六七頁，前揭注。

肆叁．任世龍：《龍泉青瓷的類型與分期試論》，一二三頁，前揭注。

肆肆．朱伯謙：《龍泉大窰古瓷窰遺址發掘報告》，五一、五四頁，前揭注。可比較 T1、T2、T3 第②層、③層出土品刻蓮瓣紋的不同特征。

肆伍．衢州市文管會：《浙江衢州市南宋墓出土器物》，《考古》，一九八三年十一期，一〇〇五頁。

肆陸．金祖明：《龍泉溪口青瓷窰址調查紀略》，《考古》一九六二年十期，五三五頁。

肆柒．（宋）楊萬里：《誠齋集》，卷第八，七十六葉，《四部叢刊》景宋寫本。

肆捌．沈岳明：《「官窰」三題》《故宫博物院院刊》二〇一〇年五期，十六至二五頁。

肆玖．朱伯謙：《龍泉窰青瓷》，十八頁，前揭注。

伍拾．該標本於一九六〇年出土於大窰杉樹連山西北部山崗編號爲 Y2 的窰址第②層。詳見朱伯謙：《龍泉大窰古瓷窰遺址發掘報告》，五三頁，前揭注。

伍壹．（明）陸容：《菽園雜記》卷十四，一七六至一七七頁，中華書局標點本，一九八五年版。根據《四庫全書》總目提要對陸容的記載：「容，字文量，號式齋，太倉州人，成化丙戌進士，官至浙江右參政，事迹具《明史》文苑傳。」

伍貳．《乾隆龍泉縣志》卷首《例言》：「宋志嘉定二年邑人何澹著，明一統志一爲嘉靖乙酉邑人葉溥（小注：槎溪）、李溥（小注：雪松）輯；一爲萬歷戊戌邑令夏順臣編。本朝志，順治乙未邑令徐可先修，今舊志漸就湮没。特志其纂修歲月姓名，以備考焉。」（清）蘇遇龍修、沈光厚纂：《乾隆龍泉縣志》，乾隆二十七年修，同治二年補刊本，載《中國方志叢書》，華中地方，第六〇六〇號，一頁，臺北：成文出版社有限公司影印本，一九八四年版（下同）。可見《龍泉縣志》最初在宋嘉定二年由「邑人何澹」編修，此後就是嘉靖乙酉（四年，一五二五年）葉溥、李溥所修的，再以後是萬曆戊戌（二十六年，一五九八年）「邑令夏順臣編」，清代則有順治、康熙、乾隆、同治、光緒幾次修志，《菽園雜記》所引的必然是嘉定年間的縣志。也有人認爲這段記載來自南宋陳百朋所撰《括蒼續志》中的《龍泉志》，亦爲一説。見王菱菱：《明代陸容〈菽園雜記〉所引〈龍泉縣志〉的作者及時代——兼論宋代銅礦的開採冶煉技術》，《中國經濟史研究》二〇〇一年四期，九六至一〇一頁。

伍叁．陳永志主編：《内蒙古集寧路古城遺址出土瓷器》，二三頁，北京：文物出版社，二〇〇四年。

伍肆．上海博物館考古部：《浙江龍泉安仁口古瓷窰址發掘報告》，一二八頁，前揭注。

伍伍．參見麗水市文化廣電新聞出版局編（楊冠富主編）：《河濱遺範》，二一頁，前揭注。

伍陸．朱伯謙：《龍泉窰青瓷》，二三頁，前揭注。

伍柒．周仁等：《龍泉歷代青瓷燒製工藝的科學總結》，載浙江省輕工業廳編：《龍泉青瓷研究》，一〇二至一三二頁，北京：文物出版社，一九八九年。

伍捌．浙江省文物考古研究所編：《龍泉東區窑址發掘報告》，三九七頁，前揭注。

伍玖．上海博物館考古部：《浙江龍泉安仁口古瓷窑址發掘報告》，一二八頁，前揭注；《雲和横山周窑址發掘簡報》，前揭注。

陸拾．上海博物館考古部：《浙江龍泉安仁口古瓷窑址發掘報告》，一三〇頁，前揭注。

陸壹．如龍泉東區上嚴兒窑址出土Ⅴ式、Ⅵ式、Ⅸ式墊餅，詳見中國歷史博物館考古部：《浙江龍泉青瓷上嚴兒村窑址發掘報告》，五三頁，前揭注。

陸貳．上海博物館考古部：《浙江龍泉安仁口古瓷窑址發掘報告》，一〇四頁圖版壹五，一〇五頁，前揭注。

陸叁．徐軍：《從楓洞岩窑址的發掘試析元明龍泉青瓷分期和特征》，載浙江省文物考古研究所、北京大學考古文博學院、龍泉青瓷博物館編：《龍泉大窑楓洞岩窑址出土瓷器》，十一至十八頁，北京：文物出版社，二〇〇九年。

陸肆．朱伯謙：《龍泉大窑古瓷窑遺址發掘報告》，四六至四七頁，前揭注。

陸伍．章溢，元末曾爲學官，後歸田，曾組織義兵抵抗蘄黄紅巾軍，保衛鄉里，後又屢平義軍和盜賊。義兵勢大後，元庭授官不受，歸隱鄉里。明初受太祖之召赴南京，與劉基、葉琛、宋濂同至，被太祖稱爲「四先生」。後歷任經濟之官，主要在浙西南地區活動。「洪武元年拜御史中丞兼贊善大夫」，幫太祖籌劃平浙西南和徵閩。不久死去，「年五十六，帝痛悼，親撰文即其家祭之」。《乾隆龍泉縣志》卷之八《人物志》「經濟」條，章溢傳，卷八，十八至二十二葉。

陸陸．由於章溢在洪武元年即赴中央政府任職，其知處州的時間當在元末到吴元年之際。

陸柒．蘇遇龍據順治乙未（十二年，一六五五年）徐可先所修《龍泉縣志》重修本，成書於乾隆二十七年（一七六二年），龍泉市博物館藏乾隆刊本，卷八，二十葉。本條記載在成文版同治刊本四七九至四八〇頁中記爲「硫磺」，但在該書卷三《賦役志》中所記物産並無硫磺，應爲後來傳抄所誤。

陸捌．《大明會典》卷一百九十四《工部十四》，「陶器」條記載：「洪武二十六年定，凡燒造供用器皿等物，須要定奪樣制，計算人工物料，如果數多，起取人匠赴京置窑興工，或數少，行移饒、處等府燒造。」明萬曆内府刻本，卷一百九十四，一至二葉。

陸玖．成化帝於天順八年（一四六四年）即位後，於當年正月二十二所發布的《即位詔》中令：「江西饒州府，浙江處州府，見差内官在役燒造磁器，詔書到日，除已燒完者照數起解，未完者悉皆停止。差委官員即便回京，違者罪之。」劉海年、楊一凡總主編：《中國珍稀法律典籍集成》乙編第三册，《皇明詔令》卷之十五《憲宗純皇帝上》，四四一至四四八頁，科學出版社，一九九四年。

柒拾．王光堯：《明代宫廷陶瓷史》，一一四至一一五頁，北京：紫禁城出版社，二〇一〇年。

柒壹．秦大樹：《肯尼亞出土中國瓷器的初步觀察》，paper for "Ancient Silk Trade Roads, Cross Cultural Exchange and Legacy in Southeast Asia"（古絲綢之路，東南亞地區的跨文化交流和文化遺産），27 ~ 28 Oct. 2011, Singapore.

柒貳．朱伯謙：《龍泉大窑古瓷窑遺址發掘報告》，六一頁，前揭注。

柒叁．徐軍：《從楓洞岩窑址的發掘試析元明龍泉青瓷分期和特徵》，十一至十八頁，前揭注。

柒肆．根據二〇〇六年發掘的楓洞岩窑址的地層，我們可以看到，洪武、永樂時期在同一地層中同時存在着官器和製作較粗糙、紋飾顯得比較潦草的一般用器兩類不同的器物，兩種瓷器在一個窑場裏同時生産，並行不悖。表明處州瓷器的貢御制度有可能是由中央政府訂貨並下樣，由當地有實力的窑户（即顧氏的窑場）承擔生産任務。這種形式與景德鎮的生産方式有所不同。參見秦大樹、施文博：《龍泉窑記載與明初生産狀況的若幹問題》，載浙江省文物考古研究所、北京大學考古文博學院、龍泉青瓷博物館編：《龍泉大窑楓洞岩窑址出土瓷器》，二八至三五頁，北京：文物出版社，二〇〇九年。而根據前揭成化帝《即位詔》的記載，在天順年間是有太監在龍泉監燒官器的，説明這時的管理體制很可能已是一種御窑的生產體制。參見王光堯：《關於清宮舊藏龍泉窑瓷器的思考——官府視野下的龍泉窑》，載《龍泉大窑楓洞岩窑址出土瓷器》，十九至二七頁，前揭注。

柒伍．《乾隆龍泉縣志》卷之三《賦役志》，「物産」條，第十八十九葉，乾隆刊本，前揭注。

柒陸．（明）薛應旂：《浙江通志》卷八，《地里志》第一之八．處州，二十葉，中國方志叢書．華中地方．第五三二號（第三冊），總第四四四頁，臺北：成文出版社有限公司影印明嘉靖四十年刊本，一九八三年。

柒柒．徐軍：《從楓洞岩窑址的發掘試析元明龍泉青瓷分期和特徵》，十五頁，前揭注。

柒捌．中國社會科學院考古研究所浙江工作隊：《浙江龍泉縣安福龍泉窑址發掘簡報》，五一〇頁，前揭注。

柒玖．徐軍：《從楓洞岩窑址的發掘試析元明龍泉青瓷分期和特徵》，十五頁，前揭注。

捌拾．中國社會科學院考古研究所浙江工作隊：《浙江龍泉縣安福龍泉窑址發掘簡報》，五一〇頁，前揭注。

捌壹．麗水市文化廣電新聞出版局編（楊冠富主編）：《河濱遺範》，二六至二八頁，前揭注。

捌貳．秦大樹：《中國古代陶瓷外銷的第一次高峰——九至十世紀中國陶瓷外銷的規模和特點》，澳門特別行政區民政總署文化康體部：《嘉模講談録——鶴鳴濠江考古文博名家系列講座二〇〇八至二〇〇》，一五二至一六三頁，澳門：星願廣告，二〇〇九年。

捌叁．（宋）楊仲良撰，李之亮校點：《皇宋通鑒長編紀事本末》，卷六六，《神宗皇帝》，「三司條例司廢置」條，熙寧二年九月丙子，一一六一頁，哈爾濱：黑龍江人民出版社，二〇〇六年。

捌肆．項坤鵬：《東南亞地區發現的龍泉青瓷初步研究》，北京大學碩士研究生學位論文，七至八頁，二〇〇八年。

捌伍．李剛：《中國古代外銷青瓷管窺》，《東方博物》第二十一輯，三三頁，杭州：浙江大學出版社，二〇〇六年。

捌陸．此區因未受到馬六甲海峽地區戰亂的影響，貿易相對發達。具體資料詳後述。

捌柒．項坤鵬：《東南亞地區發現的龍泉青瓷初步研究》，四六頁，前揭注。

捌捌．項坤鵬：《東南亞地區發現的龍泉青瓷初步研究》，八頁，前揭注。

捌玖．（清）徐松輯：《宋會要輯稿》，職官四四之二四，北京：中華書局影印本，一九五七年。

玖拾．（元）脱脱等：《宋史》，卷一百八十五《食貨志》下七，「香」條，四五三八頁，北京：中華書局，一九七七年版。

玖壹．（宋）趙汝適著、楊博文校釋：《諸藩志校釋》，九、十九、三六、四三、四七、五二頁，北京：中華書局，一九九六年。

玖貳．E．Edwards McKinnon, "Ancient Shipwrecks in Indonesian Waters: The Ceramics Cargoes", Himpunan Keramik Indonesia/The Ceramic Society of Indonesia, 2001．Atma Djuana, E．Edwards McKinnon, "The Jepara Wreck"，載鄭培凱主編：《十二至十五世紀中國外銷瓷與海上貿易國際研討會論文集》，一二六至一四二頁，香港：中華書局，二〇〇五年。

玖叁．秦大樹：《埃及福斯塔特遺址中發現的中國陶瓷》，載北京大學傳統文化研究中心編：《北京大學百年國學文粹．考古卷》，六七九至六九〇頁，北京：北京大學出版社，一九九八年。

玖肆．George T．Scanlon, "Egypt and China: Trade and Imitation"（埃及與中國：貿易和仿制）, in D．S．Richards ed．, *Islam and the Trads of Asia*（伊斯蘭與亞洲的貿易）, Brnno Cassirer Oxford and University of Pennsylvania Press, 1970, Philadelphia．；三上次男：《中世中國とエジプト——フスタート遺迹出土の中國陶磁を中心として》，載《陶磁の東西交流—エジプ．フスタート遺迹出土の陶磁》，八四至九九頁，東京：出光美術館，一九九〇年。

玖伍．秦大樹：《肯尼亞出土中國瓷器的初步觀察》，前揭注。

玖陸．項坤鵬：《東南亞地區發現的龍泉青瓷初步研究》，十頁，前揭注。

玖柒·(元)汪大淵撰，汪前進譯注：《島夷志略》，七四、七九、九〇、一一五、一一七、一二四、一二八頁，瀋陽：遼寧教育出版社，一九九六年。

玖捌·Roxanna Maude Brown, *The Ming Gap and Shipwreck Ceramics in Southeast Asia: Towards a Chronology of Thai Trade Ware*, Bangkok: The Siam Society under Royal Patronage, 2009·

玖玖·秦大樹、施文博：《龍泉窑記載與明初生産狀況的若干問題》，二八至三五頁，前揭注。

壹佰·托普卡帕皇宫博物館收藏有大量品相良好的龍泉官用瓷器。詳見康蕊君：《托普卡帕皇宫博物館的中國瓷器》，載愛賽、鬱秋克主編：《伊斯坦布爾的中國寶藏》，四十至一〇一頁，伊斯坦布爾：土耳其共和國外交部，二〇〇一年。

壹零壹·《大明會典》卷一百九十四《工部十四》，「陶器」條記載：「洪武二十六年定，凡燒造供用器皿等物，須要定奪樣制，計算人工物料，如果數多，起取人匠赴京置窑興工，或數少，行移饒、處等府燒造。」一至二葉，前揭注。

壹零貳·《乾隆龍泉縣志》卷之三《賦役志》，「物産」條，第十八葉，前揭注。

壹零叁·轉引自任世龍、湯蘇嬰：《龍泉窑瓷鑒定與鑒賞》，九七頁，南昌：江西美術出版社，二〇〇四年。

壹零肆·項坤鵬：《東南亞地區發現的龍泉青瓷初步研究》，四六至四七頁，前揭注。

壹零伍·任世龍、湯蘇嬰：《龍泉窑瓷鑒定與欣賞》，九四頁，前揭注。

壹零陸·任世龍、湯蘇嬰：《龍泉窑瓷鑒定與欣賞》，九四頁，前揭注。

壹零柒·馮先銘：《中國古代外銷瓷的問題》，《海交史研究》一九八〇年總第二期，十八頁。

壹零捌·《博多二》，《福岡縣埋藏文化財調查發掘報告書》第八四集，一九八二年。轉引自萇嵐：《七至十四世紀中日文化交流的考古學研究》，七四頁，北京：中國社會科學出版社，二〇〇一年。

壹零玖·萇嵐：《七至十四世紀中日文化交流的考古學研究》，七一頁，前揭注。根據近年來新發現的沉船資料和研究成果，現在大體可以確定這種所謂「南方白瓷」應該是安徽繁昌窑的産品，而且其輸出的時間主要在九世紀后半葉，也應該略早於書中指出的龍泉窑瓷器。

壹壹零·任世龍、湯蘇嬰：《龍泉窑瓷鑒定與鑒賞》，九三頁，前揭注。

壹壹壹·李剛：《中國古代外銷青瓷管窺》，二九頁，前揭注。

壹壹貳·萇嵐：《七至十四世紀中日文化交流的考古學研究》，七二頁，前揭注。

壹壹叁·葉文程：《宋元時期龍泉青瓷的外銷及其有關問題的探討》，《中國古外銷瓷研究論文集》，五三頁，北京：紫禁城出版社，一九八八年(原載《海交史研究》一九八七年二期)。

壹壹肆·萇嵐：《七至十四世紀中日文化交流的考古學研究》，八三頁，前揭注。

壹壹伍·葉文程：《宋元時期龍泉青瓷的外銷及其有關問題的探討》，五三頁，前揭注。

壹壹陸·(菲律賓)莊良有：《淺談龍泉窑對東南亞青瓷的影響》，《東方博物》第三輯，三至七頁，杭州大學出版社，一九九九年。

壹壹柒·Naho Shimizu, "Excavations and Investigations at Prasat Suor Prat", JSA NEWS 2001, no. 6, 2001, pp. 4-5. 轉引自香港城市大學中國文化中心陶瓷下西洋研究小組：《陶瓷下西洋——十二至十五世紀中國外銷瓷》，四六至四七頁，香港：香港城市大學，二〇〇三年。

壹壹捌·秦大樹、谷艷雪：《越窑的外銷及相關問題》，一七七至二〇六頁，前揭注。

壹壹玖·葉喆民：《印尼所藏中國古陶瓷考察紀略》，《故宫博物院院刊》一九九七年四期，四十至四九頁。

壹貳零·E· Edwards McKinnon: "Ancient Shipwrecks in Indonesian Waters: The Ceramics Cargoes"，一二六至一四二頁，前揭注。

壹貳壹・Ibid・

壹貳貳・Michael Flecker, *"The Bakau wreck: an early example of Chinese shipping in Southeast Asia"*, *The International Journal of Natutial Archaeology*, 2001, Vol. 30, no・2, pp. 222, 226.

壹貳叁・馮先銘：《中國古代外銷瓷的問題》，二十頁，前揭注。

壹貳肆・馮先銘：《元以前我國瓷器行銷亞洲的考察》，《文物》一九八一年六期，七一頁。

壹貳伍・秦大樹：《埃及福斯塔特遺址中發現的中國陶瓷》，前揭注。

壹貳陸・馬文寬、孟凡人：《中國古瓷在非洲的發現》，三頁，北京：紫禁城出版社，一九八七年。

壹貳柒・秦大樹：《埃及福斯塔特遺址中發現的中國陶瓷》，前揭注。

壹貳捌・三上次男：《中世中國とエジプト——フスタート遺迹出土の中國陶磁を中心として》，八四至九九頁，前揭注；葉文程：《宋元時期龍泉青瓷的外銷及其有關問題的探討》，五四頁，前揭注。

壹貳玖・秦大樹：《埃及福斯塔特遺址中發現的中國陶瓷》，前揭注。

壹叁零・康蕊君：《托普卡帕皇宮博物館的中國瓷器》，四十至一〇一頁，前揭注。

壹叁壹・馮先銘：《元以前我國瓷器行銷亞洲的考察》，七三頁，前揭注。

壹叁貳・John Carswell,「Two Unexplored Wrecks of the 14th Century in the Red Sea and off Sri Lanka」, in *Taoci*, No. 2, 2001, pp. 51-56.

壹叁叁・馮先銘：《中國古代外銷瓷的問題》，十九頁，前揭注。

壹叁肆・馮先銘：《元以前我國瓷器行銷亞洲的考察》，七二頁，前揭注。

壹叁伍・葚嵐：《七至十四世紀中日文化交流的考古學研究》，二七九頁，前揭注。

壹叁陸・漆俠：《宋代經濟史（上册）》，上海：上海人民出版社，一九八七年；另見漆俠：《關於中國封建經濟制度發展階段問題》，載《求實集》，一至三九頁，天津：天津人民出版社，一九八二年。

壹叁柒・關於陶瓷生產中的分工問題，筆者曾就磁州窑考古發現的遺迹所反映的分工問題進行過探討，參見秦大樹：《磁州窑的生產方式初探——考古發現的窑業遺迹所體現的生產模式》，載中國古陶瓷學會編：《中國古陶瓷研究》第十六輯，一一七至一三六頁，北京：紫禁城出版社，二〇一〇年。

壹叁捌・最早的相關記載來自《陶記》，參見劉新園：《蔣祈〈陶記〉著作時代考辨——兼論景德鎮南宋與元代瓷器工藝、市場及稅制等方面的差異》，《景德鎮陶瓷》・《陶記研究專刊》，一九八一年，五至三五頁。白焜：《宋・蔣祈〈陶記〉校注》，《景德鎮陶瓷》・《陶記研究專刊》，一九八一年，三六至五一頁。

目錄

攬翠

永寶齋藏龍泉瓷精品

五代到北宋前期，社會上對瓷器的需求量急劇增長。
同時，中國古代的瓷器進入外銷的第一個高峰時期，
特別是越窑青瓷取代了長沙窑青瓷，
成爲外銷的主要產品，生產規模大大擴充，
在這一社會經濟發展的大環境下，
龍泉窑也應運而生，製瓷業進入濫觴期。
盡管其生產特徵大體不出越窑的產品體系，
但其開創意義是不容置疑的，
爲後來龍泉窑龐大的生產體系的形成奠定了基礎。

北宋
貼塑人物紋
多管蓋瓶

高 四四厘米

談先生遞藏

瓶蓋做雙層，上層爲鏤空寶珠形紐，下層飾覆蓮紋。
瓶身直口，豐肩，下腹漸收，下置圈足，微外撇。
肩部置多棱形花口六管，等距排列，
腹部呈六棱形，每面以竹節狀邊飾相隔，
頂部堆塑六面力士頭像，眉目清晰，頗有氣勢。
每面開光内堆塑各兩尊端坐於蓮花臺之上的佛像，
佛像下堆塑兩隻瑞獸。
器物通體施青釉，釉色青中微閃黄。
外底採用長條形支具墊燒。

多管瓶爲龍泉窑代表性器物，
與穀倉罐、魂瓶同屬一類，
魂瓶的一種，其功用多爲冥器。

五代、北宋早期的多管瓶造型挺拔，最大徑在肩部，
釉面玻璃質感强，外底均採用長條形支燒具墊燒。
此件多管蓋瓶體形碩大，造型高挑俊秀，
其圈足外撇帶有五代遺風，爲北宋早期龍泉窑典型的代表器物，
與龍泉縣茶豐鄉墩頭村出土的五管瓶造型如出一轍。
器身所飾佛教題材在龍泉窑器物中鮮有發現，彌足珍貴。

此類造型的器物發展至北宋中晚期，
造型較前豐滿，肩部常見分級，最大頸下移至下腹部，
釉色多泛黄，光澤度較差，外底採用泥餅墊燒，底部露胎。
通體飾繁密刻劃花，蓋面細綫劃團菊紋，
腹部刻纏枝花卉紋，近底處刻蓮瓣紋，内填篦劃紋，
此種紋飾是北宋中晚期典型特徵。

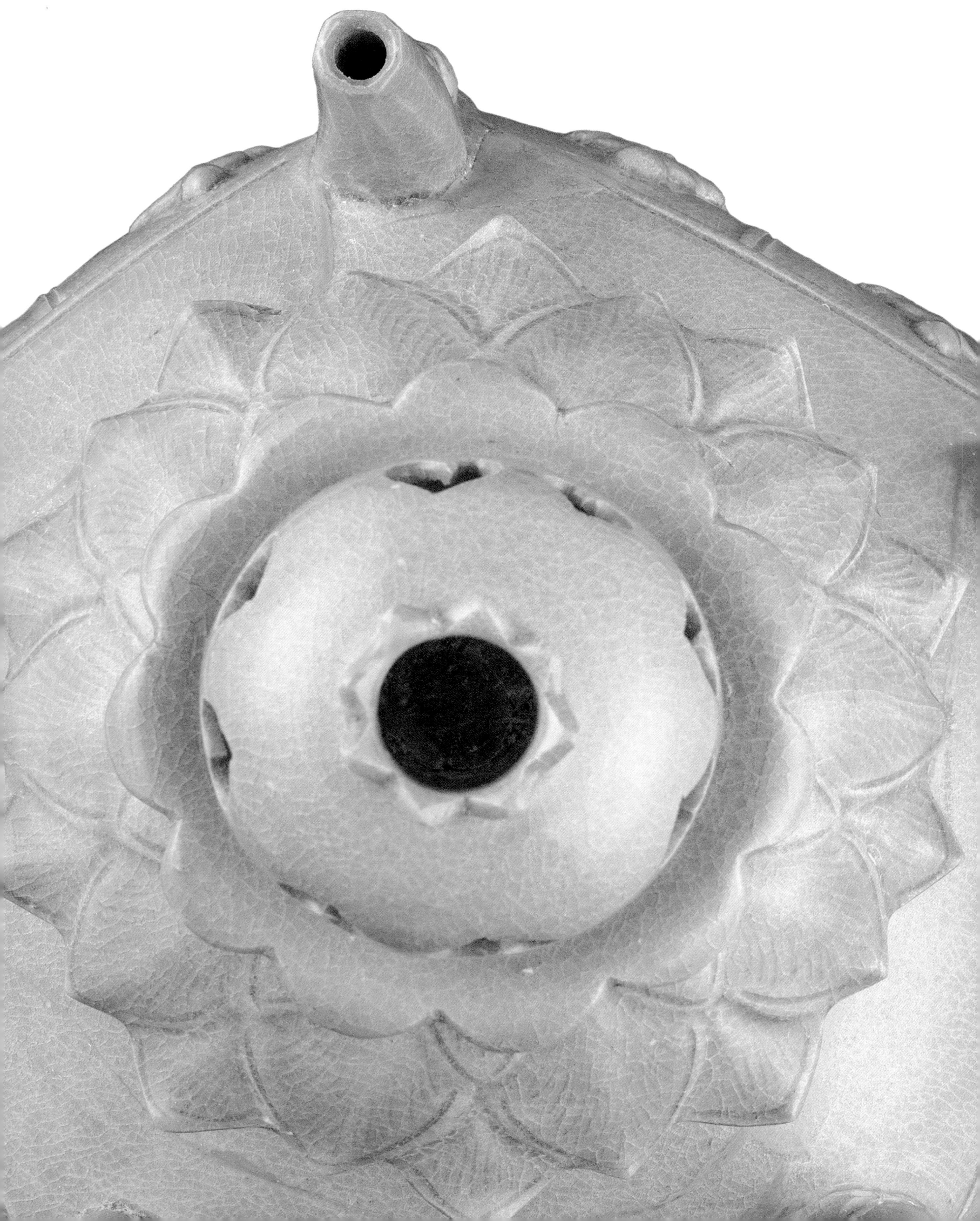

至南宋早期，
燒造繼續沿用北宋中晚期工藝，
外底露胎墊燒。
造型較北宋中晚期挺拔，
最大徑轉移至上腹部，
胎釉的質量也有明顯改善，
釉質較爲凝潤，釉色多爲青綠色。
紋飾風格由北宋晚期繁縟的特徵變得疏朗、
簡單，腹部刻纏枝蓮紋，紋飾流暢，
近足處刻寬碩蓮瓣紋，
中脊突出，刀法犀利，
南宋早期特徵明顯。

至南宋中晚期，
多管的造型逐漸消失，
肩部以堆塑龍、虎的造型進行替代，
演變成龍泉窑典型的器型——龍虎瓶。

龍虎瓶的出現，反映了道家的宗教思想。
道學著作《性命圭旨》篇中記載：
「龍從火裏出，虎向水中生，龍虎相親，坎離交濟。」
道家把八卦中象徵水的坎卦和象徵火的離卦引申出龍與虎。
因此，人們逐漸用龍虎瓶取代了多管瓶，
有讓龍與虎「相親」與「交濟」，
以保亡者冥福、祈生者陽泰的寓意。
表明道教在特定歷史時期的地位和作用，
及其在浙江龍泉這一帶根深蒂固的影響。

北宋 刻花五管瓶

高一一·六厘米

此類造型的器物發展至北宋中晚期，造型較前豐滿，肩部常見分級，最大頸下移至下腹部，釉色多泛黃，光澤度較差，外底採用泥餅墊燒，底部露胎。通體飾繁密刻劃花，蓋面細綫劃團菊紋，腹部刻纏枝花卉紋，近底處刻蓮瓣紋，內填篦劃紋，此種紋飾是北宋中晚期典型特徵。

北宋 刻花五管蓋瓶

高 二三・五厘米

北宋 刻花梅瓶一對

高 二三·五厘米

瓶蓋平頂，下折沿，
微外撇，蓋頂刻梅花紋，
蓋沿刻蓮瓣紋，內填篦劃紋，
施青黃釉，蓋內無釉。
瓶身口沿微外翻，短頸，圓肩，
上腹微鼓，下腹斜收，下置圈足，
上腹部刻纏枝連紋，紋飾繁縟，
下腹部刻多層蓮瓣紋，內填篦劃紋，
通體施青綠釉，外底露胎。
可見支圈墊燒痕。

龍泉窑發展至北宋晚期，
胎釉質量下降，釉色時有泛黃，胎體增厚，
紋飾繁縟，流行篦劃花裝飾，
裝燒工藝採用墊餅墊燒，外底常常露胎。
此對梅瓶腹部紋飾具有北宋晚期特徵，紋飾繁縟，
採用篦劃花進行裝飾，
但是其釉質相對北宋晚期已有明顯的改善，
施釉均匀呈青綠色，
因此年代應屬兩宋之際。

梅瓶是古代常見的器物，因其口小，
祇能容一枝梅花而得名
（梅瓶稱謂與此類器型對應，較早見於《飲流齋説瓷》）。
其又名「經瓶」，最初是用來盛酒。
但在宋代雅事盛行的時代，酒與花都是文人喜愛之物，
所以酒器便又被文人用來插花，
「古瓶盛酒後簪花，花酒由來是一家」。

攬翠

永寶齋藏
龍泉瓷精品

南宋以後，龍泉窑爲應付南宋宫廷、官家的需索，
也生產一種以施黏稠的石灰鹹釉爲特徵的似官或仿官瓷器，
在南宋中期以後終於形成了有龍泉自身特點與風格的梅子青、粉青釉青瓷。
在宋代民窑諸窑系中，龍泉青瓷的興起是最晚的，
但由於有海外市場的支持，
終於迅速發展成一個窑場衆多的龐大瓷窑系。
如果説南宋是龍泉青瓷燒造的成熟時期，
那麽元代，可謂龍泉窑持續發展階段，
生產規模的擴大、渫窑技術的改進、
瓷器品種的豐富以及裝飾花紋的精美，
都在一定程度上超越了前代。

南宋 雙魚耳盤口折肩瓶

高 二六・六厘米

香港蘇富比拍賣會

盤口，長頸，兩側對稱置摩羯魚耳，
斜折肩，直壁，隱圈足。
通體施青釉，釉面勻淨，足端刮釉墊燒，
露胎處呈現火石紅。

這種造型在宋代大受歡迎，傳世既多，變化又豐富。
在宋代流行的簡潔造型之中，它算得複雜。
同類器形最大的變化是耳。
這件瓶上是一左一右對稱的兩條魚；
同樣經典的還有鳳耳，左右鳳凰，兩地故宮都有收藏；
其他有雲耳的，水準大大不如。
去掉耳又不一樣了，甚至更爲經典，叫紙槌瓶，
據説是因爲和製紙時所用的木槌相像。

這對魚耳不普通，叫摩羯魚，龍首魚身，是佛教神物。
更不普通的是造型，比起器形的簡單利落，
這對魚似乎過於複雜，瓶身僅二十幾厘米高度，
魚身長不過三、四厘米，
而魚嘴魚鰭魚尾以至魚身鱗片都交代清楚，歷歷在目。
大處清爽乾淨，小處精雕細刻。
細節的精緻並不妨礙整體的簡潔，相反，更襯出其素淨高雅。
有如素妝美人，恰到好處點綴精緻華美首飾，更顯氣韵風度。

這其實構成了雙重對比：造型的簡與繁，質地的粗糙與平滑。

魚的造型也講究。魚身拱起，張力十足。
魚尾一翹，和頭部形成一個S形。
緊張處又添柔美氣質。一剛一柔，又一重對比。

魚的作用還不止於此。
瓶身是上下兩層，高度基本一致，像兩個均等的樂音。
但魚耳的加入，仿佛讓上部多出幾個節拍，
急切起來，襯得隨後的旋律舒緩。

魚之外，瓶身的造型也處處顯出精妙。
口沿平展如盤，叫盤口。
頸部是利落的圓柱形，直而挺，
再往下是一個更粗的圓柱。
兩個圓柱相接，極易生硬笨拙，
這裏却用幾處細微的變化輕描淡寫的化解。
先是肩部輕輕一斜，接着下部柱體微微一收，立刻生動起來。
輕斜的肩部又與盤口的底部一上一下呼應。
口部與肩與底，是三個平面的圓盤，
上面最小，肩最寬，底又微收略大於口面的直徑。

並非無關痛癢，造型的精妙恰恰包含在這般細節中。
於是這看似簡單的器形，處處對比，處處呼應。
種種强烈的對比與衝突，
巧妙地融合在温柔嫻淑的表面之下，
雖暗潮涌動，却波瀾不驚。

折肩瓶是宋代新出現的瓷器品種，
爲北宋晚期汝窑首創，
張公巷窑、定窑、南宋官窑等窑口均有生産，
自北宋出現後至南宋、元明一直有生産，
南宋時期龍泉窑生産的此類盤口折肩瓶較多，
南宋中期以後開始常於頸部兩側置雙耳進行裝點。

至宋代，花事之盛達到了前所未有的程度，
《西湖老人繁盛録》中載，
端午節賣花人「一早賣一萬貫花錢不啻」，
南宋趙蕃也有詩云：
「昔人種田不種花，有花祇數西湖家。
祇今西湖屬官去，賣花乃亦遍户户。
種田年年水旱傷，種花歲歲天時穰。
安得家家棄糴米，塵甑炊香勝旖旎。」
可見當時插花之繁盛。

兩宋宮廷及官府貴家在節日當中往往有盛大的插花盛會。
周密《武林舊事》卷二載：
「禁中賞花非一……間列碾玉水晶金壺及大食玻璃、官窑等瓶，
各簪奇品：姚黃、御衣黃、照殿紅之類幾千朵……

至於梁棟窗户間，亦以湘筒貯水，
麟次簇插，何翅萬朵。」

卷七云：
「（禁中）安頓花架，
並是水晶玻璃、天青汝窑金瓶。
就中間沉香卓几一隻，安頓白玉碾花商尊，
高二尺，徑二尺三寸，獨插照殿紅十五枝。」

宋代宮廷插花所用花材及花器的選擇均有明確要求，
以突出皇家富貴之意。
這些插花盛會一般由後苑修内司或「四司六局」
等專門的職能機構負責，
一般人家也可以錢雇傭其代辦。
「官府貴家置四司六局，各有所掌，
故筵席排當，凡事整齊，都下街市亦有之。
常時人户，每遇禮席，以錢倩之，四司六局皆可致。」

宋代平民百姓家中也有容器插花的身影。
歐陽修《洛陽牡丹記》中説，
「春時城中無貴賤皆插花，雖負擔者亦然。
大抵洛人家家有花。」

説明尋常百姓在特定的節日，
也都要在家中點綴鮮花以迎合節令。

《西湖老人繁盛録》中也記載：
「（端午節）一日城内外家家供養，
都插菖蒲、石榴、蜀葵花、梔子花之類。
……雖小家無花瓶者用小壇也插一瓶花供養，蓋鄉土風俗如此。
尋常無花供養却可不相笑，惟重午不可無花供養。」

楊萬里《道旁店》云：
「路旁野店兩三家，清曉無湯况有茶。
道是渠儂不好事，青瓷瓶插紫薇花。」

繁盛的花事，使得宋元時期，
全國各地的窑場花瓶生産達到了前所未有的程度，
龍泉窑的花瓶形式多樣，
是宋代文人嫻雅、精緻生活的代表。

元 鳳耳盤口折肩瓶

高二九·九厘米

日本東京薰隆堂遞藏

盤口，長頸，
兩側對稱置鳳耳，
斜折肩，腹部直，
下腹微內收，隱圈足。
通體施青釉，釉面勻淨。
足端刮釉墊燒，
露胎處呈現火石紅。
胎質較細膩。

此類盤口折肩瓶的燒造最早可追溯至北宋晚期，
至南宋時數量最多，尤其以龍泉窑最爲興盛，
並在頸部常常對稱置雙耳進行點綴。
此類花瓶不僅在國內行銷廣泛，也深受日本國的歡迎。

日本十三世紀之後貴族階層流行茶道，
以收集中華唐物爲榮，
龍泉青瓷花瓶作爲茶席中不可或缺之物，備受追捧。
從鎌倉、室町時代以來，大量龍泉花瓶流入日本，
其中以日本和泉市久保惣記念美術館收藏的，
被定爲日本國寶的「萬聲」和陽明文庫收藏的，
被定爲日本重要文化財的「千聲」最爲有名。

這件盤口折肩瓶的年代相對較晚，
造型與南宋時期的折肩瓶相比較爲拘謹，
釉水與南宋時期肥厚的粉青、梅子青釉相比較爲乾澀，
應爲元明時期的產物。

元 鳳耳盤口折肩瓶

高二七·三厘米

日本京都藏家遞藏

此瓶盤口，長頸，兩側對稱置鳳耳，斜折肩，直腹，下腹微內收，隱圈足。造型簡約而端莊。

頸側作鳳形半環雙耳，雙鳳以模印成形，冠羽貼器飄動，長頸外伸，羽翅略爲平舉，身軀與器頸垂直相接，使鳳耳略呈L形曲綫。鳳眼、口喙、鳳冠之印紋清晰可辨。通體施青釉，釉面勻淨。足端刮釉墊燒，露胎處呈現火石紅。胎質細膩。

龍泉窑盤口折肩瓶主要流行於南宋、元代時期。頸部雙耳包括鳳耳、魚耳、靈芝耳等形制。

十三世紀末南宋滅亡後，結束了我國南北分裂的局面。蒙古族建立了横跨亞洲、東歐的大帝國。國内經濟文化交往的增加，擴充了龍泉青瓷的銷售範圍。同時，元政府爲加强對外貿易，先後於上海、杭州、温州、泉州等地設立市舶司。據《元史·食貨二》記載，「官自具船，給本，選人入番，貿易諸貨。其所獲之息，以十分爲率，官取其七，所易人得其三」。這種以「官本船」方式的對外貿易，在江浙極爲盛行，官營和民營的海外貿易十分發達。龍泉青瓷即爲對外貿易的重要商品之一。

一九七六年，在韓國全羅南道新安海底打撈出一艘中國元代沉船。沉船内發現了日本京都東福寺的貨簽，經研究，確認該船爲元代中後期從寧波出海，經朝鮮半島，駛往日本的一艘「寺社採辦」貿易船。船貨多爲瓷器，其中龍泉青瓷多達一萬二千三百多件。

日本諸多文獻中皆有關於龍泉窑青瓷的記載。日本史籍《仁和寺御室御物實録》中記載：「青瓷多盛天子御食，是大臣朝夕之器。」據日本考古資料顯示，中國陶瓷於十三世紀中葉之後在日本呈現猛增之勢。日本出土的十三世紀下半葉（元初期）至十四世紀中葉（元後期）的中國貿易陶瓷中，龍泉青瓷占有絶對主導地位，是中國貿易陶瓷當之無愧的代表。

龍泉青瓷之所以受到日本社會推崇，原因之一是其與日本禪宗美學極爲契合。

日本鎌倉時代初期（始於一一八五年，南宋），隨着中國禪宗文化傳入日本，代表禪宗美學的陶瓷、書畫等藝術品也由頻繁往來於中日兩國的禪僧們傳入日本。因此，「唐物」在日本貴族階層風靡一時，而龍泉窑青瓷，便是唐物潮最主要的代表器物之一。

禪文化對日本國民生活的方方面面都有着極爲深刻的影響。茶道便是其中之一。日本茶道是足利將軍時代（一三三八至一五六八年）、安土桃山時代（一五六八至一六一五年）以及德川幕府時代（一六一五至一八六七）等多個哲學思潮的共同結晶，並最終在德川幕府時代，茶道之藝達到頂峰。

花瓶，是日本茶席不可或缺之物。鳳耳瓶作爲宋元時期龍泉窑經典樣式，自然亦是備受追捧。最著名的是現藏於大阪和泉市久保惣美術館的鳳耳瓶，日本人稱之爲「萬聲」。

「萬聲」曾爲日本後西天皇藏品。後西天皇據「搗月千聲又萬聲」的詩句，將其所收藏的兩件鳳耳瓶分別賜名「千聲」和「萬聲」，並世代相傳。「萬聲」已被列爲日本國寶，日本人對其喜愛程度可見一斑。在日本被定爲國寶的八件中國陶瓷中，龍泉青瓷佔三件。

元 雙獸環耳瓶

高二一・五厘米

英國倫敦蘇富比拍賣會

「一九八三年仇焱之專場」

直口，方唇，細長頸，兩側對稱置獸形雙耳，下銜花形環，垂腹，下腹圓鼓，下置圈足。頸部修飾兩道細弦紋，素雅大方。通體施粉青釉，釉面勻淨、光潔。墊燒，裹足刮釉，圈足旋削規整，修足精細，露胎處可見火石紅。胎質細膩。

仇焱之

作爲蜚聲國際的「藏瓷大王」，仇焱之這個名字早已成爲近現代中國明清瓷器鑑定、收藏的一個記號。坊間有關仇焱之的奇聞逸事，無一不提仇氏所藏之豐。從一九八〇年開始，倫敦蘇富比春拍與秋拍，都會陸續拍賣仇氏的藏品。從他的藏品面世的那一刻起，中國藝術品在國際市場掀起了一次次的高潮，作爲大收藏家的專場，每場拍賣自然是異常火爆。

在一九八一年的專場拍賣中，有幾件南宋官窑和哥窑的器物，更是引起了所有人的興趣，預展消息剛剛發布，幾乎國際上所有知名藏家都紛紛趕來拍賣現場，想親自上手看一看這些精美而又難得的南宋精品。那次拍賣我跟着師父去了倫敦現場，有幸能够上手看看那些精美的南宋瓷器，對我來説是非常難得的機會，預展的每一件珍貴的中國瓷器我都認真地觀摩。

由于宜、哥窑的稀有程度，所以每件南宋官窑和哥窑的後邊都排起了長長的隊伍，每個人都需要依次上手欣賞那些珍品，我也按次序站在隊伍裏，耐心地等待。就在排隊的時候，一位熟悉的日本人站在我前面，突然回頭看我，對我說了一句：「你來幹什麼？」

「你來幹什麼？」當我聽到這句話時，突然間愣了一下，頓時覺得臉上火辣辣的，心如刀絞，心中五味雜陳。

「我就不能來了嗎？」你出錢買你的東西，我出錢買我的東西，這有什麼問題嗎？面對氣勢凌人的日本人，我竟一時無言以對，眼淚只能在心裏流。但我深知這句賦有歧視性的語言正是當時日本國經濟實力的真實寫照。

二十世紀八十年代的日本經濟發展可謂瘋狂，成爲繼美國之後第二個經濟大國。那幾年日本藏家在世界各大拍場叱吒風雲，狂掃中國古代藝術珍品，主導着藝術品市場。一九八一年蘇富比所拍宣德青花龍紋罐和唐三彩黑馬，都是以過千萬的價格，被日本藏家買走。

三十年河東，三十年河西。二十世紀九十年代的時候，日本經濟泡沫破裂，發生了經濟危機，一夜之間，無數企業倒閉，也正是這個時候，日本很多的藏家開始將自己收藏的珍品拿出來變現，也就是這個時候，我從日本的一位著名藏家手裏，重金將這隻龍泉窑的瓶買到，一直珍藏到今天。

風水輪流轉，現在的中國越來越强大，如今中國人遍布世界各個拍場。作爲中國人，無論我們的實力有多麼的强大，我都希望能够一直保持着謙和的姿態，大行家也好，小藏家也罷，對待任何人，都要給予最真誠的尊重。

南宋 黃釉長頸瓶

高 十五厘米

瓶爲盤口，長頸，腹部微鼓，
下置圈足，當屬膽瓶一類，
爲南宋龍泉窑常見瓶式之一。
黃釉，通體光素無紋，
簡潔而典雅，唯以綫條和釉色取勝。

浙江地區燒造青瓷的歷史可追溯至春秋、戰國，
甚至更早，可謂悠久。
在經歷了近兩千年的發展後，
於南宋中期迎來青瓷釉色之美的頂峰，
成功創燒出了梅子青、粉青釉。

清澈如翠、
青鮮若梅的梅子青釉，
是當時工匠們竭力追求的效果，
但釉色的燒成所受影響因素頗多，
如窑温過低、過高，
皆會導致釉色不同。
因此，燒製過程中時有意外，
此瓶即爲偶然出現的米黃釉色，俗稱「黃龍泉」。
此釉色雖不若梅子青、粉青釉那般可媲美玉，
却別有風韵，是龍泉窑器中少見的品類。

南宋 印花長頸瓶

高九·八厘米

日本京都藏家遞藏

圓唇外侈，長頸，腹部微鼓，下置圈足。口沿印一周「加官進禄」，腹部印纏枝蓮紋，近足處印一周S形邊飾。通體施粉青釉，釉層均勻。墊餅墊燒，裹足刮釉，露胎處可見火石紅。胎質細膩。

此類瓶式集中出現於南宋中期至元代，湖北武漢嘉定六年（一二一三年）任晞靖夫婦墓與浙江德清咸淳四年（一二六八年）吴奥墓出土的隨葬品中，可見此一樣式。

此類瓶，以龍泉青瓷最爲多見，其他如吉州窑產品、景德鎮青白瓷中也有類似作品。除瓷器外，這一瓶式也有金、銀、銅和錫等材質。

許多資料和研究表明，該類瓶多用於書室品香的箸瓶，即「爐瓶三事」之一。「爐瓶三事」是文人雅士几案上的常備香具，由香爐、箸瓶及箸與香匙、香盒三件組成。

此一組合使用在兩宋即已出現。
現藏於臺北故宮博物院的《聽阮圖》，便是最好的例證。
《聽阮圖》爲宋代畫家李嵩所作，
描繪的是文人幽居消夏的場景。
畫面中綠樹成蔭，一位士人手持拂塵，
倚坐在榻上聆聽女樂撥阮，
榻側擺有花瓶，背景處亦羅列着供賞玩的雅器，
其中仿古銅瓶中花枝繁茂。
榻前香几陳設鼎爐，一名侍女手持香盒正在焚香。

揚之水先生在《香識》一書中寫道：
今藏於山西省博物館的《祇園大會圖卷》所繪一組，
或者可以算是最早出現於繪畫作品中「三位一體」的完整形象。

香爐、香盒、箸瓶，既能實用，亦可雅玩，明清以降，
被正式定型爲「爐瓶三事」。
明代杜堇所畫《十八學士圖屏》，
以及明代文震亨所著《長物志》皆可爲證。

清宮造辦處曾大量製造三事，置於各個宮殿之中使用。
傳世作品可見掐絲琺瑯、玉器、漆器等多種工藝形式。

《聽阮圖》

《十八學士圖屏》

宋—元

弦紋盤口長頸瓶

高 二四厘米

日本京都藏家遞藏

盤口，長頸，溜肩，扁圓腹，下置圈足。頸部及肩部分飾兩道弦紋，腹部飾三道弦紋。通體施青釉，釉面光潔，釉層肥厚。墊餅墊燒，裹足刮釉，足端有明顯火石紅。胎質細膩。

日本根津美術館藏有一隻南宋龍泉窑盤口長頸弦紋瓶，被定爲重要文化財。

四川遂寧窖藏出土三件此類瓶，雖尺寸不一，但造型却毫無二致。同出於遂寧窖藏的景德鎮青白釉印花雙鳳紋碗中，裝飾有插花弦紋瓶，而這一裝飾，與窖藏中的龍泉窑弦紋瓶式樣完全相同。由此可知，此類盤口弦紋瓶在當時被用作花器。

中國人對於花草之美的感受由來已久，《詩經》讚桃花「桃之夭夭，灼灼其華」。《楚辭》亦有「朝飲木蘭之墜露兮，夕餐秋菊之落英」的記載。説明花文化在先秦時代已悄然發展。

魏晉南北朝時期，出現了瓶花，但多爲禮佛供養。揚之水先生在《宋代花瓶》一文中寫道：「鮮花插瓶真正興盛發達起來是在宋代。與此前相比，它的一大特點是日常化和大衆化。」的確，宋人愛花，不衹是懂得生活情趣的文人雅客和追隨時尚的達官顯貴。賞花，已是宋人生活中自然且當然的習慣。上至王公貴族，下至販夫走卒，凡至花朝節，無不參與其中。南宋詞人周密作有《花朝溪上有感昔游》詩句：

「枕上鳴鳩喚曉晴，緑楊門巷賣花聲。
探芳走馬人雖老，歲歲東風二月情。」

花事的繁盛自然推動花器的發展。此類盤口長頸瓶是宋元時期龍泉窑產品中較爲典型的器物，瓶身除弦紋外，別無他飾，簡潔而大氣，正與宋代文人士大夫追求復古、崇尚清雅的藝術品味相合。

南宋 印花四方瓶一對

高 十七厘米

日本東京薰隆堂遞藏

平折口，細頸，垂腹，圈足。器身造型呈四方形，模印花卉紋，通體施一層薄薄的青釉。泥餅墊燒，外底露胎，胎質細膩。

南宋時期的器物大體上可以分爲薄胎厚釉以及厚胎薄釉兩種類型。薄胎厚釉的器物一般採用多次施釉的工序，支燒方式也比較講究，往往採用裹足刮釉的方式，然後放置到墊餅上，使得器物的外觀最大程度地不受影響。厚胎薄釉類器物，往往衹施一次釉，其外底一般採用泥餅墊燒的方式。此對四方印花瓶即爲南宋時期厚胎薄釉類型。

這對花瓶盡管造型紋飾完全一致，但是釉色却相差甚遠。正所謂「同一棵樹上的菓子，酸甜各不同」。對於古代的窑工來説，也很難保證同一窑爐裏燒出來的器物呈色完全一致。尤其燒造青瓷更是面臨着泛黃的難題，越窑、耀州窑都有類似的情況。青釉瓷以鐵爲呈色劑，氧化鐵在還原氛圍下爲二價鐵離子，因此呈青绿色，如果窑内不密封，窑内氛圍控制不當，進入氧氣，氧化氛圍下鐵離子是三價，便呈現黃褐色。據《菽園雜記》一書的記載，古代龍泉窑在燒成結束時要「以泥封火門，俟火氣絶而後啓」。封火門的目的可能在於防止二次氧化，使青釉的色調不致閃黃。

另外不同温度下，還原氛圍有强、弱之分，也會影響釉色。龍泉窑燒造瓷器使用的窑爐是南方地區最常見的龍窑，依地勢建在山坡上。窑身一般長達數十米，因此窑身不同位置的温度往往不一樣，而燒造一窑瓷器往往經過數天，這其中要經過升温、降温的緩慢過程，除了需要窑工豐富的經驗技術外，也有很多的不可控因素。

青釉是當時窑工們竭力追求的效果，但是如果窑温不够，或者過高，都會導致釉色的不同，燒製過程中往往會得到「意外之喜」，偶然出現的一些釉色，帶來了獨特的美感。這對青瓷花瓶，一件釉色青翠，另一件釉色發黃，後者就是偶然出現的變種，被稱爲「黃龍泉」。

南宋 琮式瓶

高二七・二厘米

英國蘇富比拍賣會

圓唇，直口略上斜，短頸，折肩，瓶體呈方形，圈足。外壁四角模印相同的凸條紋。通體施青釉，釉色青中泛綠，釉層肥潤如脂，細膩光滑，釉色典雅，宛如一泓清泉，蒼翠如玉。墊餅墊燒，裹足刮釉，足端見火石紅。胎質細膩。

宋—元

梅瓶

高 二八厘米

日本大阪拍賣會

此瓶唇口，短頸、豐肩，
肩部以下漸收至底，足脛微外展。
整體造型敦實可人，亦不失莊重。
通體施青釉，釉色均勻，凝厚溫潤。
露胎處呈自然火紅石。

民國許之衡在《飲流齋說瓷》中如此描述梅瓶之制：
「口細而項短，肩極寬博，至脛稍狹，折於足則微豐，
口徑之小僅與梅之瘦骨相稱，故名『梅瓶』也。」

梅瓶作爲花瓶中的固定制式，
與膽瓶、觀音尊等器被列入「瓶之佳者」，
時日並不長久，直至明清纔最終完成。
這一瓶式的出現應始於唐，興盛於宋元，且延續至今。
可謂中國古代瓷瓶一大經典樣式。

南宋—元

葫蘆瓶

高 二九厘米

此瓶小口上收，圓唇，器身呈葫蘆形，圈足。瓶内外和圈足内均施青釉，釉面光亮，釉色匀淨。墊燒，裏足刮釉，露胎見火石紅。胎質細膩。

【來源】

下條正一遞藏

東京户栗美術館遞藏

倫敦蘇富比拍賣會，二〇〇四年六月九日，編號47

十面靈璧山居遞藏，購自Eskenazi，編號EK224

【展覽】

一九七八年香港古董博覽會展

一九八一年求知雅集珍藏中國古陶瓷展

【出版】

《求知雅集珍藏中國古陶瓷展》，香港中文大學文物館，香港，一九八一年，編號55

「葫蘆」與「福祿」諧音，因其寓言吉祥，故常被用作瓷器的紋飾或造型。元代陶瓷葫蘆瓶見于龍泉窑、景德鎮窑、磁州窑等，是深受人們喜愛的陶瓷造型。此瓶釉色勻淨，體現出了工匠高超的製瓷技術。

大概是一九七八年，在香港古董博覽會的展覽中，我第一次看到這隻葫蘆瓶，當時我也就十幾歲，盡管剛入古董行不久，對很多瓷器品種也不是太了解，但是對于這件葫蘆瓶印象非常深刻。

這隻瓶子的主人名叫下條正一，他與當時著名的古董商壺中居、龍泉堂等人齊名，是一位非常著名的日本老藏家，有着幾十年收藏經驗，這些人對於當年的我來說衹能仰望，是那麽的遥不可及。

年輕時候知識有限，印象中八仙人物鐵拐李手中有葫蘆，濟公也拿葫蘆，當時就想一個神仙拿的葫蘆，怎麽變成了一隻花瓶呢？當時膚淺的我見到此瓶就非常鐘愛，但至於是什麽窑，什麽梅子青，都不懂，衹是覺得很特別、很高大上。

當時宋瓷在國際上的地位是非常高的，這隻瓶子當年定價八十萬港幣，這個價錢在那個年代是可以買到五件清代琺瑯彩的碗、盤。當時我們自己參展的展品加起來也就幾十萬，人家半隻瓶子就給我們打飛了，可見這隻瓶子在當時的珍貴程度。

這次展完之後，大家就都各回各家了。在此後四十年的時間裏，這隻瓶子依然保持着它高貴的身份，先後被很多著名藏家和著名的博物館珍藏，流傳有序。而我在這四十年的時間裏也從一個十幾歲的小伙子變成了滿頭白發的阿叔。偶然的機會，這件瓶子兜兜轉轉到了我的手上，成爲了我的珍藏。

現在每次見到這個瓶子，都會想到幾十年前剛入行的我，感慨生命中的遇見是那麽的妙不可言。我甚至以爲，這隻瓶最好的歸宿就是我，因爲衹有我了解它近半個世紀的歷程，它就像我的一位故友，收藏它，恰如杜甫的那句詩：「正是江南好風景，落花時節又逢君。」

元 弦紋鳳尾尊

高 三五厘米

美國紐約蘇富比拍賣會

喇叭口，圓唇，長頸呈內收弧狀，圓肩，下腹漸收。頸部飾多道弦紋，腹部飾一道弦紋。通體施梅子青釉，釉層凝厚，釉色温柔動人，仿佛用翡翠雕琢而成，這就是所謂的「類玉」。墊燒，足端及外底內墻、外緣均刮釉，火石紅明顯，外底中間施釉。胎質較細。

元 模印貼花牡丹紋鳳尾尊

高 三一厘米

美國紐約 Chinese Porcelain Co,Ltd. 遞藏

喇叭口，圓唇，
長頸，圓肩，鼓腹，
下腹部漸收，隱圈足。
頸部上下飾弦紋，中部貼花，
腹部貼纏枝牡丹花卉紋，
下腹部刻細狹長蓮瓣紋。
通體施青釉，釉面光潔。
墊燒，裹足刮釉，露胎處可見火石紅。
胎質細膩。

鳳尾尊是由古代青銅器觚演變而來，
因其下腹部外延似鳳尾而得名，
是仿青銅器造型的陳設用瓷。
宋代仿古之風盛行，
該種造型的器物自宋代始出現，
在元明清時期大爲流行。
宋代鳳尾尊作爲插花用具，造型較爲輕巧，
元代中晚期的鳳尾尊器型高大雄偉，
腹部以貼塑纏枝牡丹紋常見，浮雕感較强。
至明代，鳳尾尊的器身瘦長，
腹部往往剔刻纏枝牡丹紋，
下腹部有一圈凸棱，時代特徵明顯。
清代鳳尾尊以青花常見，頸部較粗，口部更加外敞。

元 刻花鳳尾尊

高 六二・八厘米

美國舊金山龍宮公司遞藏

此器侈口，細長頸，溜肩，腹部略鼓，下腹漸收，近底處一道凸棱，下置圈足。頸部淺刻一周蕉葉紋，肩部刻纏枝牡丹紋，腹部刻纏枝蓮紋，下腹部刻菊瓣紋。通體施青釉，釉色勻淨，較光亮。外底露胎，呈現濃重的火石紅色，外底中空，爲套接所致。

元代龍泉窑生產大量大型瓷器，不僅器形端正，刻花精美，而且釉色純正，這標志着龍泉窑製瓷技術進一步提高。大英博物館藏有一隻牡丹瓶，高達七二・二厘米，與此器爲同類。牡丹瓶器身及頸部均飾刻花纏枝牡丹。器身與器底分製，以釉黏結，圈足露胎無釉，這是非常典型的元代製作方法。口部刻有六一字銘文：「括倉剱川流山萬安社居奉三寶弟子張進成燒造大花瓶壹雙，捨入覺林院大法堂佛前永充供養，祈福保安家門吉慶者，泰定四年丁卯歲仲秋吉日謹題。」大意是：括倉劍川流山萬安社的佛教信徒張進成，向覺林寺進獻一對大花瓶，供奉在佛前，以求家宅平安、合家幸福。敬呈於泰定四年仲秋月吉日。泰定四年爲一三二七年，由此銘文可知此瓶是龍泉窑元代中晚期的產品。

元　貼花龍紋穿帶扁瓶

高二八·五厘米

英國倫敦 Philps 拍賣會

瓶口圓小微外撇，肩部方折，
壺身略呈扁方形，平底。
肩部兩側各有兩道繩紋繫，
腹部兩側各有兩道繩紋繫與之呼應，
可穿繩帶使用。
腹部兩側貼飾三爪雲龍紋，
雲龍回首顧盼，姿態矯健。
通體施青綠色釉，局部有積釉現象，
底足無釉露胎，呈現火石紅色。
胎質較細膩。

根據馮先生所著《中國古陶瓷圖典》中敘述，
穿帶扁瓶又稱帶繫扁壺，特徵是壺身扁平，
肩腹部有繫，便於穿繩提攜。
此類帶繫扁壺出現於東漢時期，是仿銅器形狀製作的。
東漢出現時多爲扁腹圓形，
南北朝、唐、五代時出現了一種帶西域風格的扁壺。
遼寧省博物館收藏有一件暗黃釉印花穿帶扁壺，
具有北方游牧民族的特徵，長方形口，短頸，
扁圓形壺體，橢圓形圈足，共有六繫。
帶繫扁壺發展到了元代，多見唇口外卷，短頸，溜肩，
通常裝有四繫，腹側垂直，腹面平，長條狀平底，
造型風格與前朝完全不同，燒造地點有景德鎮、龍泉窑、磁州窑。
其中龍泉窑、景德鎮窑發現的穿帶扁壺極少，且質量等級頗高。
元代磁州窑的方形穿帶扁壺見於中國首都博物館藏
元代磁州窑白地黑花劃鳳紋四繫扁壺，高三三厘米。
日本東京國立博物館藏一件元代磁州窑
白地黑花雙鳳紋四繫扁壺，高二四·四厘米。
日本大阪市立美術館藏一件元代磁州
白地褐彩草書「風花雪月」四繫扁壺，高二六·六厘米。

本件藏品曾於二〇一二年在首都博物館
《温温玉色照瓷甌——龍泉窑青瓷藝術》展覽中展出。
這種龍泉青釉貼花龍紋穿帶扁瓶存世非常稀有，
僅大英博物館藏
有一件相同的龍泉窑青釉龍紋穿帶扁瓶，高三一厘米。
扁瓶上的龍紋與同一時期
景德鎮浮梁瓷局所生產的元青花如出一轍，
造型精美，應爲元代皇家所使用的器物。
根據文獻記載，
浮梁瓷局產品的紋飾由元廷「將作院」提供。
將作院下屬機構分工極細，
除有製造物品的專業司局二十五所之外，
還設有一職能特殊的畫局。
該局不生產任何產品，
其職能是爲將作院下屬各專業司局「描造諸色樣制」，
其規模略大於瓷局。
本件龍泉青釉貼花龍紋穿帶扁瓶與大英博物館所藏藏品一樣，
由官方統一下樣生產。

元 褐釉點彩露胎貼花人物故事紋八方梅瓶

高 二三・五厘米

北京翰海拍賣會

此瓶斂口，溜肩，上腹圓鼓，下腹收束，器身作八棱狀，足部外撇。腹部爲四角內委形開光，開光內無釉露胎，八面飾八仙人物圖，四角施褐彩點綴，下腹部印折枝花卉紋。裏足刮釉墊燒，露胎處有濃重的火石紅。胎質較細膩。

故宮博物院藏一件龍泉窑青釉褐斑印花露胎八仙圖八方梅瓶，高一九・九厘米，在《天下龍泉・卷二國家公器》中定爲明代。日本東京國立博物館收藏一件龍泉窑青瓷露胎八仙人物紋八角梅瓶，花口外侈，束頸，高一九・八厘米。梅瓶人物爲漢鍾離、韓湘子、鐵拐李、曹國舅、呂洞賓、藍采和、何仙姑、張果老。龍泉窑工匠將劇曲中民間喜聞樂見的八仙形象融入青瓷的裝飾，正反映了當時八仙劇的流行。大英博物館藏一件青釉露胎八仙人物梅瓶，高二四・三厘米，定爲元代。

該品種梅瓶通常被認爲是元代至明代初期的十四世紀作品。龍泉大窑楓洞岩遺址在明代中期地層出土類似露胎模印仙人騎獸紋三足筒式爐。因此從考古發掘來看，此種龍泉窑露胎模印器物的下限可以定在明代中早期。褐色點彩器物的上限是元代中晚期，也就是十四世紀初至十四世紀六十年代。

八仙是中國民間傳說中廣爲流傳的道教八位神仙。八仙傳說起源很早，如淮南八仙，所指即西漢淮南王劉安著《淮南子》的八公，後世傳其爲仙。五代時道士作畫幅爲蜀中八仙，所畫人物有容成公、李耳、董仲舒、張道陵、嚴君平、李八百、范長生、爾朱先生。唐朝杜甫寫的《飲中八仙歌》，指的是李白、賀知章等八位能詩善飲的文人學士。今之所謂八仙，大約形成於元代，但人物不盡相同。元代馬致遠《呂洞賓三醉岳陽樓》雜劇中的八位仙人均爲男性，分別爲漢鍾離、韓湘子、鐵拐李、曹國舅、呂洞賓、藍采和、徐神翁、

風僧壽（或元壺子）。元代八仙中有徐神翁而無何仙姑。徐神翁名守信，泰州如皋城郊人。生於宋仁宗天聖十年（一〇三二年），十九歲入天慶觀。英宗治平年間（一〇六四至一〇六七年），遇異人授道。明代以前，徐守信位列八仙之一，金代侯馬墓葬磚雕、元初永樂宮壁畫《八仙過海》、馬致遠戲曲《三醉岳陽樓》均有徐神翁形象。至明中期，吴元泰所著《東游記》纔將徐神翁換成何仙姑、風僧壽換爲張果老。

本件梅瓶開光畫片中有韓湘子持笛、漢鍾離持扇，有一道人腰繫葫蘆，此人正是道人徐神翁。馬致遠《吕洞賓三醉岳陽樓》第四折末《水仙子》，以吕洞賓的口吻，依次介紹八仙道：「這位背葫蘆的是誰？這一個是徐神翁身背着葫蘆。」金代磚雕、元代雜劇裏都有證實，徐神翁的法器是一只葫蘆。由此可以根據人物故事畫片推斷，本件露胎八方梅瓶時代是元代無疑。

元　露胎印花

人物故事紋方形執壺

高二十厘米

日本東京薰隆堂遞藏

通體呈四方形，口沿微外侈，束頸，斜折肩，直壁，上腹部兩側對稱置柄，肩部以雲形裝飾相接，圈足微外撇。通體施青釉，腹部開光内露胎貼花人物故事爲裝飾。一側露胎人物爲頭戴幞頭官人騎馬，後有書童跟隨；另一側露胎人物爲頭戴幞頭官人於水面之上騎魚奔月而去，一旁書童瞠目結舌。足端刮釉，底部施釉不均。胎質較細膩。

中國歷史上有兩位以騎魚出名的人士。一是傳説中先秦時代的仙人琴高，於涿水乘鯉歸仙。《水經注：卷二十三》記載：「趙人有琴高者，以善鼓琴，爲康王舍人，行彭、涓之術，浮游碭郡間二百餘年，後入碭水中取龍子，與弟子期曰：皆潔齋待於水旁，設屋祠。果乘赤鯉魚出，入坐祠中，碭中有可萬人觀之，留月餘，復入水也。」東晉干寶撰寫的《搜神記》、西漢劉向撰寫的《列仙傳》、北宋李昉、扈蒙、徐鉉等人撰寫的《太平廣記》對琴高其人均有記載。晚唐詩人李商隱作七言絶句《板橋曉別》曰：「回望高城落曉河，長亭窗户壓微波。水仙欲上鯉魚去，一夜芙蓉紅泪多。」意思是遠別的游子像水仙琴高一樣，就要乘赤鯉飛升。第二位騎魚的名人就是唐代大詩人李白。圖中官人頭戴幞頭，一看便是唐朝服飾。相傳李白死於醉酒撈月亮，然後騎鯨成仙。乾元二年（七五九年），李白歷經安史之亂，因參加永王東巡而被判罪長流夜郎（今貴州桐梓）。經過長期的輾轉流離，順着長江而下，兩年間往來於江夏與金陵。《舊唐書·文苑傳·李白傳》：「李白乃浪迹江湖，終日沉飲。時侍御史崔宗之謫居金陵，與白詩酒唱和。嘗月夜乘舟，自采石達金陵，白衣宮錦袍，於舟中顧瞻笑傲，旁若無人。」唐杜甫曾作詩《送孔巢父謝病歸游江東兼呈李白》：「若逢李白騎鯨魚，道甫問訊今何如。」仇兆鰲注：「俗傳太白醉騎鯨魚，溺死潯陽，皆緣此句而附會之耳。」無論本件龍泉青瓷執壺的畫片是琴高乘鯉，還是太白騎魚撈月，都是古人借圖畫之意寄託美好情懷的一種體現。

這一品種的執壺極爲少見，目前僅在土耳其托普卡比宮發現有一件滿施青釉的人物故事方形執壺殘器。壺殘高十七厘米，英國學者 Krahl Regina 將其年代定爲十四世紀，即元代至明初。兩側人物故事與本品完全相同，惜壺嘴、壺蓋、把手俱殘。托普卡帕皇宮博物館是土耳其最著名的博物館。館内收藏有兩萬多件來自中國宋、元、明、清時代的瓷器。館藏大部分是元大德到明景泰之間的一百五十多年之間，陸續進入土耳其奥斯曼帝國的中國瓷器。另一部分是在托普卡帕皇宮建成後的四百年間，又以各種不同方式納入的，從而構成了這兩萬多件的豐富寶藏。其中的龍泉青瓷收藏大約有一三五〇餘件，大都是元代和明朝初期的産品。這些中國青瓷在奥斯曼人的生活中，是權勢和財富的象徵。早期流入奥斯曼皇宮中的中國青瓷大抵多是戰利品和禮品，以後隨着陸上絲綢之路和海上的商路不斷開拓和暢通，則以珍貴的商品形式進入皇宮以供皇家使用。所以這些精緻、典雅、碩大的中國青瓷深得奥斯曼人的珍愛。它們來自遥遠的東方中國，道險且阻，加之瓷器是易碎物品，能完好如初地進入皇宮，擺上皇家的宴席餐桌自然身價不菲，被奉如拱璧。據托普卡帕皇宮檔案記載，這些珍貴的中國青瓷珍品並不是隨便使用，而是於蘇丹登基、壽辰、大婚及其他重要慶典時纔能動用。館藏龍泉青瓷方壺雖然殘破，仍然被托普卡比宮博物館視爲極其珍貴的館藏文物，並且在一九八六年出版的書籍中特别配以彩圖。

元 刻花纏枝牡丹紋梅瓶

高 四二·五厘米

美國舊金山龍宫公司遞藏

小口微侈，圓唇，
矮頸，豐肩，
腹部圓鼓，下腹漸收，
近底處外撇，圈足。
通體施青釉，釉色勻淨，較光亮。
腹部刻纏枝牡丹紋，
花葉舒展，主次分明，
刀工流暢、自然。
脛部刻一周菊瓣紋。
足端刮釉墊燒，呈現火石紅。
胎質較細膩。

元 百子瓶

高 二四厘米

香港摩羅街購得

香港的摩羅街匯集了很多輾轉來自世界各地的藝術珍玩，我從十幾歲當學徒開始就與那邊的行家接觸，因此與那邊很多行家的關係都比較熟，在那裏經常能够遇到各種新鮮藏品。

有一次剛好路過一位臺灣行家的古董店，無意中就看到了一對造型非常特殊的百子瓶，當時的第一感覺就是稀有。我去過世界上那麼多的博物館，也接觸過好多龍泉的頂級藏家，就從來没有見過這種造型的蓋瓶，完完整整的一對，没有一丁點兒的瑕疵，而且那釉水潤得就像玉一樣，一看見就喜歡的不得了。

對於像我們這種行家來說，哪些東西是要自己收藏，哪些東西是客人喜歡可以拿來做生意的，心裏的目標是很清楚的。從我看見這對瓶的第一眼時，就已經下定了决心，我的收藏品當中一定要有它們，無論如何也得收藏這對龍泉百子瓶。

接下來我就開始試探性地談價錢，因爲自己從來没有遇到過這類藏品，所以當時對於它的價錢心裏也没有一個標準，但没想到對方一下子就開了一個相當高的價錢，而且不允許還價。對於當時的我來說，那可是一筆不小的資金。

面對這麼高的價錢，心裏開始犯嘀咕，到底要不要買呢？如果買的話，一下子就壓了那麼多的錢，用來做生意的資金就緊張了；但如果不買的話，這樣特殊的藏品很可能就僅此一對，一旦擦身而過，以後就没了。可是遇到喜歡的藏品，有什麼辦法呢，思來想去，祇能咬咬牙，硬把它買下了。

買到之後，自然是很開心，但是對於事業剛剛起步的我來説，一下子就壓了很多資金。當時資金緊張，實在是着急，爲了減輕重擔，萬般無奈之下，決定出手一隻，將另一隻留在自己手裏。

我心裏最滿意的情况當然就是一隻賣出兩隻的價格，賺一隻留在自己手裏。但是在二十世紀八十、九十年代的香港，我身邊的朋友大部分都祇做明清瓷器的生意，很少有懂得龍泉瓷器的人，即使想賣出去，在當時其實也並不容易。

思來想去，想到了一個有可能對它感興趣的美國客人，當時也祇有他能做成這單生意。雖然我老實地開了一隻瓶的價錢，但他還是不敢買，因爲他對這瓶子並不太懂。最後没辦法，算是半推半就，美國客人纔同意按我的價格接手一隻，但他並不是很願意。

到現在爲止，四十年已經過去了，每次看見這隻百子瓶，心裏都會泛起波瀾，人家明明一對夫妻，被我生生拆散。直到現在，我都没有再見到過被我賣出的那一隻，也不知道現在輾轉到了美國哪個地方。但不管在哪個藏家的手中，我都真心地希望它能够被愛護。

南宋 堆塑龍瓶

高二五厘米

日本京都藏家遞藏

瓶蓋頂部隆起，平沿，其上堆塑一隻卧態的犬，抬頭眺望，尾巴上卷，捏塑有神，造型別致。瓶身方唇，直口，頸部分級，其上堆塑一條呈游走狀的龍，龍頭、龍須、龍鱗等均清晰靈動。腹部刻狹長蓮瓣紋，下置圈足。通體施粉青釉，釉面肥潤，如玉質一般。裹足刮釉，墊燒。胎質細膩。

該件龍瓶是南宋時期典型的器型，釉質上佳，堆塑形象細膩，形神兼備，是同時期龍虎瓶中難得之物，反映了南宋時期龍泉窑製瓷水平的高超。

南宋

龍虎雕塑蓋罐一對

高 二七厘米

美國紐約蘇富比拍賣會

罐蓋隆起，

罐紐分別爲回首鴨與昂首鴨。

罐身肩部堆塑奔虎、游龍。

蓋與罐身遥相呼應，完整無損。

通體青黄釉，釉層肥腴。

二〇一一年春節前後，我收到一本圖録，是紐約蘇富比寄來的，內容是戴潤齋 J. T. Tai 收藏中國瓷器藝術品專場拍賣。

戴潤齋原名叫戴福保，二十世紀二十年代出生在無錫，最開始在他舅父的古董店做學徒，三十年代去了上海，在上海法租界的五馬路開了自己的古董店，取名「福源齋」。很快，戴福保就憑藉着精準的眼力和超凡的能力，成爲上海古董界「四大金剛」之一。一九四九年，戴福保來到香港，但没多久便去了美國。「戴潤齋」是他在美國開設的古董店，英文是「J. T. Tai and Co.」。

戴福保年逾古稀後逐漸淡出古董界，一九八二年成立戴潤齋基金會，資助醫學研究等機構。我收到的拍賣圖録，就是戴潤齋基金會和紐約蘇富比推出的「戴潤齋珍藏瓷器及工藝品專場」。其中很多標有「盧芹齋舊藏」「一九三七年法國巴黎橘園美術館展覽並出版」「Parke-Bernet Galleries, Inc.（蘇富比前身）」「蘇富比早年拍賣」等記録，可謂傳承顯赫。

對於戴福保，我並不陌生，他和我師父比較熟，二十世紀七十年代陪師父去紐約的時候，曾經見過幾面。那個時候，他已經是海外非常知名的中國古董商了。

戴福保的外在形象給我留下很深的印象，個子比我高，身材匀稱，一身筆挺的西裝，褲綫筆直而鋒利，再配上白色襯衫，鋥亮的皮鞋，不得不説，盡顯出老派上海人的精緻，還兼具英國紳士的氣質。二十世紀二十、三十年代叱咤歐美的古董大鱷盧芹齋曾經十分欣賞戴福保，可見他對古董的審美與品味是極爲出色的。

圖録中這對南宋龍泉窑龍虎蓋罐吸引了我的注意。從二十世紀初，龍虎罐就以其獨特的造型和含蓄的釉色吸引了西方藏家的關注。所謂龍虎罐，其實是龍罐和虎罐的合稱，成對製作，一龍一虎分別堆塑在罐身，但是在流傳過程中，往往會有流散，或者出現磕碰，所以現在見到的大部分龍虎罐很少有成對出現的，成對出現並且完好無損的則更是少見。在我的記憶中，很多世界著名的博物館都藏有龍虎罐，日本關於宋瓷的出版物中還曾經用龍虎罐作爲封面。

戴福保

陳玉階

盧芹齋

六十年代末，著名的古董商埃斯卡納齊曾以四千四百英鎊購入一件龍泉窑堆塑龍紋蓋罐，使當時很多藏家趨之若鶩，最終那隻罐被美國藏家波普夫婦珍藏。

當在圖録中見到這對龍虎罐時，我的直覺告訴我，一定要拍下它。本以爲能够競得已經是莫大的欣喜了，沒想到當我去提藏品時，竟然還有意外之喜。

現在我們都叫包裝盒，其實在以前是稱之爲裝潢的。一套精美的裝潢，不僅能起到保護的作用，更是代表了器物的身份和器物主人的素養。龍虎罐的造型十分繁雜，蓋鈕、龍爪等細節之處，稍不留神就容易破損，因此，原來的主人專門定製了這套裝潢，內部分開幾個小盒，將瓶身、蓋鈕分層保護，外側是素雅的錦緞，做工精緻、設計巧妙。

這樣的裝潢，個性特徵十分明顯，以我的經驗判斷，它很有可能出自上海古董商鋪晉古齋。

提到晉古齋大家可能比較陌生，它由民國時期赫赫有名的古董商朱鶴亭在上海創立。名譽天下的古董大家仇焱之早年師從朱鶴亭，香港著名藏家陳玉階也曾拜在朱鶴亭門下。

既然有晉古齋的裝潢，那就説明這對龍虎罐曾經是從上海售出，而後由戴福保收藏。

我沒有考慮最後的價格是否合理，也不會在意以後是否能够盈利。在我心裏，它們自身的精美和傳奇的流傳經歷，足以被視爲遇到了就不可錯過的重量級藏品。

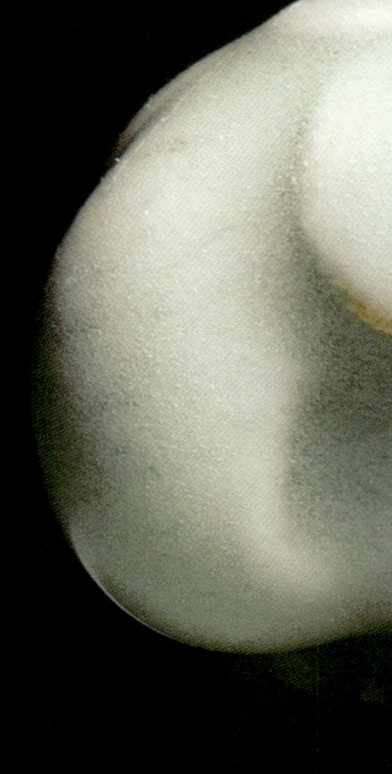

南宋

象鈕蓋罐一對

高一五·二厘米

日本東京千秋庭遞藏

罐蓋爲平頂，其上貼塑象形紐。
直口，斜折肩，長腹略微弧曲。
通體光素無紋飾，施粉青釉，
釉層肥厚滋潤。
口沿、足端刮釉，
露胎處見火石紅。
胎質細膩。

此瓶樸素無華，簡潔大方，
蓋頂飾有憨態可掬的小象，富有情趣。

青磁荷葉蓋水

南宋—元

荷葉蓋罐

高 十五厘米

日本大阪童夢拍賣會

罐蓋頂部隆起，有寶珠形紐，蓋沿高低起伏，呈荷葉狀。罐身直口內斂，圓肩，下腹斜收，隱圈足。通體施青釉，釉層凝厚，罐蓋內側露胎，罐身口沿及圈足刮釉，露胎處呈現濃重的火石紅。胎質較細膩。

元　荷葉蓋罐一對

高十一厘米

蓋頂隆起，蓋沿作高低起伏的荷葉邊形。
罐身口部微斂，短頸，
上腹圓鼓，下腹斜收至底。
蓋頂、罐身飾窄蓮瓣紋。
通體施青綠色釉，蓮瓣脊處釉薄，
釉色泛白，蓮瓣間積釉，釉色青綠。
器蓋內側、罐底足處無釉，呈火石紅色。
胎質較細膩。

此爲龍泉窑典型產品，
韓國新安沉船、江西高安窑藏、
內蒙古集寧路窑藏等處都曾出土過這類產品，
唯尺寸大小不一。

南宋 貼花鬲式爐

高 二〇・三厘米

美國紐約 Chinese Porcelain Co.,Ltd. 舊藏

盤口，圓唇，短直頸，

鼓腹，腹徑略大於口徑，三足。

肩部有一周凸棱，

腹部與三足相接處有三道明顯的凸棱，

從肩部延伸到足上端。

頸部貼卷草紋，腹部貼獅首，足部出筋。

足部與腹部連接處有較爲明顯的凸痕一圈，爲接痕。

整個器物造型規整。

通體施粉青釉，釉層凝厚，釉面光潔，遍布開片紋。

足端露胎，呈現火石紅。胎質較細膩。

瓷器借鑒青銅器造型屢見不鮮，鬲式爐是其中代表。此件體形碩大，雄渾威武，氣象不凡。頸部與腹部以貼塑爲飾，華美而莊重。腹部出筋貫通於足，平添剛强之勢。這無疑源自青銅器。但對瓷器而言，會造成造型上的巨大麻煩，後世多有簡化。於是，這件鬲式爐不但以其造型之精妙引人入勝，更是研究造型藝術變遷的絶佳樣本。

相類的龍泉窑青釉鬲式爐，在四川遂寧金魚村一號窖藏中共出土五件，最大爲高一六・四厘米，最小爲高十厘米。且在浙江龍泉大窑南宋地層（浙江省文物考古研究所、北京大學考古文博學院、龍泉青瓷博物館編：《龍泉大窑楓洞岩窑址出土瓷器》，四十頁，文物出版社，二〇〇九年）中也有發現。

南宋最具特色的香爐就是仿古式香爐，器型取古器，如三代乃至秦漢的鼎、簋、鬲，用作焚香。宋元官方用爐多出自《宣和博古圖》，該書由宋徽宗敕撰，王黼所著，三十卷。大觀初年（一一〇七年）開始編纂，成於宣和五年（一一二三年）之後。該書著録了宋代皇室在宣和殿收藏的自商代至唐代的青銅器八三九件。

繭山龍泉堂創辦人繭山松太郎與龍泉青瓷香爐

南宋 鬲式爐

高 九·五厘米

日本神户藏家遞藏

花口，折沿，束頸，鼓腹，下接三足。
自上腹至足外側中脊處有扉棱，
腹部壓印竪向凹槽，上腹部有一周弦紋。
通體施粉青釉。
足端無釉，呈現火石紅。
胎質較細膩。

鬲式爐爲仿古青銅器造型，古樸莊重，
是龍泉窑宋元時期典型産品。
此鬲式爐造型上别出心裁，
可見時人在追摹古意的同時，
也受到當下造型的影響，即在審美上，
兼及古器之雅和時器之美，
可謂「稽古而不迂，隨時而不陋」，
既尊仿古制，亦適時宜。

南宋 鬲式爐

高九·四厘米

日本神户藏家遞藏

折沿，圓唇，短束頸，扁鼓腹，
下承三足，三足間距呈等腰三角形。
肩部飾凸棱一周，腹部至足脊各凸起一條棱脊，
微露白痕，俗稱「出筋」。
整體造型樸素大方，精緻工巧。
梅子青釉色。
足端露胎，可見火石紅。胎質細膩。

關於鬲式爐的製作，三足與爐身多分別成型再粘燒，
爐身底部可見明顯的接痕。
三足中空，爲使裝燒過程中氣流貫通，
防止入窑燒造時氣體膨脹破裂，
一般會在内底或足内側上戳一小孔保持漏氣，
個別將足部與爐體貫通，形成三個深凹槽。

龍泉窑鬲式爐入元以後仍有燒製，其形制大體承襲宋代。
與南宋製品相比，胎骨增厚，
器式風格由挺拔俊秀轉向温和敦厚。
元代器物胎骨漸厚，
鬲式爐足部的通氣孔也往往更爲粗大，
且南宋製品以足内側開孔爲多，
元代則常見底部與足聯通處開孔，
有的還在底部中心挖孔貼燒。

明代龍泉窑依然燒造鬲式爐，但更爲流行鬲鼎式爐，
此類型爐元代時已經有燒製，其母本是上古的青銅鬲鼎，
以碩大的袋形腹式樣及刻飾花紋圖案爲鮮明特徵，
與宋元時流行的鬲式爐差別較大。

青磁袴
炉
南宋

南宋

貼花八卦筒式三足爐

高十一・五厘米

日本神户藏家遞藏

方唇，内折沿，直壁，隱圈足，下置三蹄狀圈足。外壁口沿貼雲紋，腹部貼八卦紋，周圍環繞貼花，近底處貼花。通體施青釉。器内及底部露胎，呈火石紅。胎質較細膩。日本富岡美術館收有同類藏品。

南宋
弦紋三足爐
高八·三厘米

日本神户藏家遞藏

器身作筒式，口沿圓潤，
直壁，器壁自上而下飾弦紋數道，
平底微内凹，下承三蹄形足，圈足。
通體内外滿施青釉，
釉質温潤酣美，積釉處釉色深翠。
墊燒，裹足刮釉。
蹄足及圈足面可見火石紅。胎質較細膩。

弦紋筒爐的造型由來已久，
最早可追溯至漢代銅樽，
陶瓷質者最早可見唐代三彩器，
之後的兩宋也頗爲流行，汝、定、官窑皆有生産。
此件龍泉三足爐，形體嬌小玲瓏，
雋美可人，工藝細膩規整，器型雅致，
是南宋時期由龍泉窑燒製的高等級香道器皿。

元

立耳八卦紋三足爐

高 十五厘米

日本神户藏家遞藏

元　刻劃花

立耳三足爐

高九・八厘米

日本神户藏家遞藏

元 黃釉三足爐

高十一·五厘米

日本神户藏家遞藏

口部微侈，束頸，兩側置獸形銜環雙耳，鼓腹，圜底，圈足，下承獸形三足。通體施黃釉，內底及外底露胎，可見墊燒痕。

南宋 簋式爐

高十一·三厘米

日本神戶藏家遞藏

仿商周青銅簋造型，敞口微侈，薄唇，束頸，頸部飾兩道弦紋，下腹外鼓，夔龍形雙耳，圈足向內弧收。施梅子青釉，釉層厚，色澤滋潤。口及圈足端無釉，見火石紅。白胎，胎質細膩，胎骨厚重。

簋是中國古代用來盛放食物的青銅器皿，也可用作禮器，流行於商朝至東周。宋朝社會上至統治階級下至普通百姓均復古、尚古，宋朝社會不但生產仿古青銅器，而且很多瓷器都模仿商周時期青銅器造型，體現了「以古爲雅，以今爲俗」的審美趣向。簋作爲古代禮器演變至宋代的陳設瓷香爐，是諸多社會和人文因素共同作用的結果，比如復古思潮、金石學的興起以及瓷器燒製技術的成熟等等。

從龍泉窑的發展歷史來看，宋龍泉青瓷中的仿青銅器造型主要集中於南宋，且南宋官窑中往往有同類造型，而同時期的一般民窑並未見同類器生產，所以龍泉窑這類仿古器很有可能深受官器制式之影響，比如《宣和博古圖録》裏的器物圖，即有可能是重要的式樣依據之一。

自南宋至元明時期，簋式爐一直興盛不衰。南宋簋式爐，無論是龍泉窑還是官窑，爐身較矮，雙螭耳均起到重要裝飾作用，螭耳形象鮮明，比例大，有張揚之美，螭耳弧度飽滿，富有綫條之美，雙耳相對，呈現一種對稱中正之美。而元明時期的簋式爐，爐身趨於瘦長，口徑與足徑相侔，螭耳比例縮小，局限於頸肩部，淪爲附屬，裝飾效果大爲減弱。

較之於數量可觀的鬲式爐、奩式爐等仿古爐品種，流傳至今的南宋龍泉窑簋式爐並不多見。較爲著名的一例是四川遂寧金魚村窖藏出土的簋式爐。另外大威德基金會也有相同造型的簋式爐。

南宋 簋式爐

高八・三厘米

日本神户藏家遞藏

仿商周青銅簋造型，口微侈，束頸，頸部飾兩道凹弦紋，下腹外鼓，夔龍形雙耳，圈足向內弧收。施粉青釉，釉層凝厚晶瑩，釉色柔和，色澤滋潤。足端刮釉墊燒，露胎處呈現濃重的火石紅。白胎，胎質細膩，胎骨厚重。

元 鳳形香薰

高 三一厘米

日本東京薰隆堂遞藏

薰香一事早在西漢時期就已經進入貴族階層的日常生活。他們除了使用山巒重疊的博山爐，也使用以鳥獸爲形的薰爐，其常見造型有狻猊、甪端、麒麟、鳧鴨等。此件鳳形香薰回首引頸向天，似目視香雲飄散。作爲案頭實用具，富有情趣。

南宋 花口碗

口徑 十一・一厘米

英國倫敦 Spink 遞藏

龜，在民間被傳爲「四靈」之一。何爲「四靈」？《禮記・禮運》中記載「麟、鳳、龜、龍，謂之四靈」。「四靈」又稱「四象」「四神」，乃上古時代人們對於星宿崇拜的産物。「四靈」分別掌管着天空東、南、西、北四大區星象，東方爲龍，西方爲虎，南方爲鳥，北方爲武，其中北方的武，即指龜蛇神獸。

後來，受五行學説的影響，並根據五行所對應的方位、季節、顔色等，「四靈」又被賦予色彩，即青龍、白虎、朱雀、玄武。「玄」爲黑色。五行中屬「水」。在中國民間信仰中，玄武被賦予了多種神性，如北方之神、水神、生殖之神、司命之神等等。玄武由星宿中的「斗、牛、女、虚、危、室、壁」組成，其中第一宿「斗宿」也稱作「南斗」。

中國古代天文學專著《甘石星經》云：「南斗六星，主天子壽命，亦宰相爵祿之位。」隨後，民間亦出現「南斗主生，北斗主死」之説，認爲拜南斗可以增壽，並由此吸引了無數追求長生的帝王官僚及普通百姓。因此，玄武又被稱作玄天上帝、真武大帝，成爲道教所奉

花口，口沿微侈，曲腹，圈足，
外足心有臍狀凸起。
整體爲仿荷葉造型，
口沿呈高低起伏的荷葉邊狀，
内壁刻劃雙綫葉脉紋，
碗心貼塑一只小烏龜。
通體施粉青色釉。
墊燒，裹足刮釉，露胎處見火石紅。
胎質較細膩。

之神。在供奉的真武大帝圖像兩旁，多有龜、蛇形象。湖北武漢隔江相峙的龜山、蛇山，即因玄武大帝而更名，且沿用至今。

龜被視爲神靈、長壽的象徵，多見於史料：

《史記·龜策列傳》載：「南方老人以龜搘床足，行二十餘歲，老人死，移床，龜尚不死。龜能行氣導引。」

《抱朴子》載：「城陽郄儉少時行獵，墜空冢中，饑餓，見冢中先有大龜，數數回轉，所向無常，張口吞氣，或俛或仰。儉亦素聞龜能導引，乃試隨龜所爲，遂不復饑。」

《述異記》曰：「龜一千年生毛，壽五千歲，謂之神龜；壽萬年，曰靈龜。」

《淮南子》云：「必吉凶於龜者，以其歷歲久也。」

漢朝以前，貴族常配以玉製龜佩。日本受古代中國影響，製作圖徽也常以龜爲圖案，甚至取名也要含有「龜」字。龜作爲吉祥靈物，被廣泛應用於繪畫、家具以及建築中。南朝宋文學家鮑照，曾於《河清頌》言「自我皇宋之承天命也，仰符應龍之精，俯協河龜之靈……」可見應龍、河龜皆祥瑞之兆。

在龍泉窑、越窑等青瓷中，經常可見龜伏荷葉的裝飾。江西省博物館藏有一隻器形相同、釉色有別的元代龜心荷葉碗。李白曾有「龜游蓮葉上，鳥宿蘆花裏」詩句，或爲此裝飾靈感來源？

南宋 碗

口徑 二〇・五厘米

菲律賓藏家遞藏

斂口，斜壁微弧，圈足。
通體施粉青釉，釉色青翠淡雅，釉質溫潤。
内外壁均光素，唯以釉色取勝，
是爲「無工勝有工」之典範。

淡淡青色似有若無，衹是胎體色深，讓淡青沉下來。
碗壁輕展，微微拉出一道弧綫。
用時方覺妙處，雙手一捧，無比貼合。
纔知道器物之美，既在眼，又在手，更在心。
這種大碗看似普普通通，却顯得如此端莊而優雅。

南宋—元

菊瓣紋碗

口徑 十三厘米

日本大阪藏家遞藏

花口，敞口，斜曲腹，
腹部模印菊瓣紋，下置圈足。
器物通體施粉青釉，釉層肥厚滋潤，
菊瓣中脊挺拔，釉層稀薄，發色較淺，
而積釉處色調較深，釉色對比鮮明，
詮釋了青釉變化之美。
足端刮釉墊燒，修足規整、精巧，
露胎處可見火石紅。胎質細膩。

龍泉窑還生産相同造型的青釉菊瓣紋盞，
小巧别致，與本品應爲配套使用的飲食器皿。

南宋 蓮瓣紋碗

口徑 十八厘米

香港張玲先生遞藏

敞口，斜壁微弧，圈足。外壁滿工淺浮雕蓮瓣紋，蓮瓣中脊凸出，兩側斜削，輪廓清晰，具有較强立體感。通體施青釉，釉色青幽，釉質肥厚。

蓮瓣紋是龍泉窑中最爲常見的紋飾之一，時間跨度較長。此碗具有典型的南宋風格，遠觀如碧池中一朵盛開的蓮花，詩意無窮。

南宋 蓮瓣紋碗一對

口徑 十一·五厘米

美國紐約 Doyle New York 遞藏

尖圓唇，侈口，曲腹，圈足。通體施粉青釉，釉質乳濁渾厚，光澤柔和，具有脂粉般的細膩感，深沉淡雅，粉潤如玉。腹部刻蓮瓣紋，中脊突出。底足薄俏，旋削規整，足端刮釉，露胎處呈現淺淡火石紅。胎質細膩。

南宋 斗笠盞一對

直徑 四・三厘米

英國倫敦 Spink 遞藏

斜口，尖圓唇，斜直腹，圈足。
通體施青釉，一隻粉青，深沉淡雅，粉潤如玉；一隻青釉泛黃，釉色差別較大。
足端刮釉墊燒，露胎處見火石紅。胎質細膩。

青釉瓷以鐵爲呈色劑，氧化鐵在還原氛圍下呈青綠色，如果窑內不密封，窑內氛圍控制不當，進入氧氣，氧化氛圍下便呈現黃褐色。

據《菽園雜記》一書的記載，古代龍泉窑在燒成結束時要「以泥封火門，俟火氣絕而後啓」。封火門的目的可能在於防止二次氧化，使青釉的色調不致閃黃。

南宋 束口碗

口徑 十一厘米

香港張玲先生遞藏

束口，圓唇，斜曲腹，
下置圈足，足墻微内收。
通體施梅子青釉，釉層凝厚，
光澤柔和，温潤如春水，潔淨瑩澤。
足端刮釉墊燒，修足精緻，
旋削規整，露胎處呈現濃重的火石紅。胎質細膩。

束口碗主要流行於南宋至元代時期，
造型較爲少見。
此件龍泉梅子青釉碗，釉層均勻温潤，
爲南宋龍泉窑中的上等產品。
南宋咸淳十年史繩祖與繼配楊氏合葬墓中出土有類似造型的碗。

元 菊瓣盞

高五·一厘米

斂口，曲腹，下置圈足。腹部壓印菊瓣紋，棱脊突出，綫條硬朗。通體施青釉，釉色青翠、瑩潤，足端刮釉墊燒，露胎處呈現火石紅。

南宋 八方花口杯

高 五·二厘米

英國倫敦 Spink 遞藏

尖圓唇，口部作八角形，腹部八條棱脊向外凸出，並在口沿處高聳出尖，形成連續起伏的弧綫，造型精巧、别致。

器物通體施青緑色釉。口沿、棱脊處釉薄泛白，表現了釉色變化之美。足端無釉墊燒，露胎處可見火石紅。胎質細膩。

經紀人的概念對於現在的行內人來說都很熟悉，其實早在上百年前的歐美藝術品市場就已經存在了。香港藝術品市場在二十世紀七十年代的時候開始出現經紀人，主要是爲藏家購買的藏品把關，比如判斷某一件藝術品是否有收藏價值，器物的真僞、品相等等，尤其是品相十分重要，哪裏有修過、哪裏有磕損，作爲一名合格的經紀人，一定要替藏家考慮周全。

一名優秀的經紀人不僅要有豐富的文物鑒賞經驗，還要對市場有足够的了解，最最重要的，是要求經紀人講誠信。衹有真真正正站在藏家的角度分析利弊，選擇取捨，纔會贏得藏家的信任，那麽今後這位藏家想出手自己的藏品時，還會請經紀人代理。這樣，藏家得到心儀的藏品，經紀人擁有可持續經營的客户，對雙方而言是共贏的好事。

二〇〇三年，香港有一位藏家經朋友介紹找到我，告訴我他非常喜愛瓷器，並希望我幫他尋找一批藏品。我呢，一聽到有誰喜愛瓷器，不管他是不是與我有關，都會有一種遇見知音的欣喜。更何況，這位藏家還委託我代辦，怎麽能辜負人家的信任呢？

於是乎，我調動了海內外所有的朋友，在歐洲、美國、日本等地，幫這位藏家尋找藏品。很快，我就爲香港的這位藏家搜集到一百多件藏品，有的來自世界各地的老藏家，也有的來自大大小小的拍賣會，還有的來自中國香港和日本一些古董商，其中，就有這隻龍泉窯八方小杯。

說實話，當我得到這隻小杯的時候，特別想把它留給自己，但是作爲經紀人，又必須把好的東西讓給藏家，我們做的就是「賣花姑娘插竹葉」的工作，手中有再多、再美麗的鮮花，也要以客人爲先。

就這樣，這隻花口小杯隨着衆多的藏品被送到藏家那裏，藏家很滿意，我自然也很開心，畢竟這段時間的努力没有白費，藏家對藏品的認可，實際上就是對我的眼力和人品的認可，而這些，絶非是金錢可以衡量的。

没想到的是，幾天後，事情突然有了轉折性的變化。藏家聯系我，説要將一百多件藏品全部退回，因爲他又請别人看過，鑒定結果爲「贋品」。

接到通知後，我腦海裏反復過濾着每一件藏品的造型、胎釉、品相……没有差池，没有疏漏。一整天，我心情都很低落，退還藏品事小，衹是可惜了我這段時間的熱情和心血，我一心想幫藏家收到好的藏品，反而不被信任，委屈摻雜着無奈，我很想跑去跟藏家爭辯一番，但是理智告訴我——毫無意義。

幾天後，我纔知道，原來我被行裏人「打槍」了，藏家請去掌眼的人，根本没有按實際情況甄别，一概認定爲「贋品」。那一刻，我慶幸自己當初選擇了沉默，選擇了不辯不爭，因爲我若去辯駁，衹能讓那位藏家更厭煩，也會讓自己更鬱悶，他既然肯輕信他人，我又何必再苦苦挽留呢？我雖不敢自詡君子，但做事做人亦是無愧

於心。與其在這裏糾結一人一事，不如把時間花在更有價值的事物中。

生意没有做成，再加上藏家的質疑讓我着實難過了一段時間，但這件事情總是要過去。幸運的是，這批藏品很快就被其他藏家看中並一起收購了，但唯獨這隻龍泉八方花口杯被我留下來了，那時候就是單單覺得喜歡，我也没有想到，若干年後，我和它還會有成就彼此的一段雅事。

二〇一一年，首都博物館要舉辦一場「温温玉色照瓷甌」的龍泉窑瓷器展覽，爲了豐富展品種類，工作人員聯系到我，希望我可以提供一些龍泉藏品，於是，我便精選出幾件送到首博，其中就有這只花口小杯。最終，它不負我之所望，入選爲首博的展品。

作爲一件私人藏品，能在國家級别的博物館參展，於它、於我，都是一件非常光榮的事情，更準確地説，應該是我沾了這隻杯子的光。

時光如白駒過隙，時隔多年，昔日種種憋悶也好、榮光也罷，早已是過眼雲烟，但此間的種種，經歷過了纔知道酸甜苦辣。

南宋
斗笠盞

口徑 十四・四厘米

日本大阪藏家遞藏

尖圓唇，斜直壁，下置圈足。通體施粉青釉，光素如春水微瀾，純淨清透，粉嫩如玉，足端刮釉墊燒，露胎處呈現火石紅。

斗笠盞顧名思義，以其形制如斗笠。斗笠盞多胎體輕薄，加之足細、口大，頗有荷葉擎出水面亭亭玉立的挺拔與逸姿。這種造型起源於五代，盛行於兩宋，定窑、耀州窑、吉州窑等多個窑口均有燒製。南宋龍泉窑生產的斗笠盞光素無紋，簡約質樸。

南宋

刻魚紋折沿洗一對

口徑 十四厘米

英國倫敦 Spink 遞藏

圓唇，折沿，曲腹，下置圈足。通體施粉青釉，釉層凝厚，溫潤柔和，爲南宋時期上等的釉色品種。器物内底斜刀淺刻水波魚紋，刀法流暢、自然。足端刮釉墊燒，圈足旋削規整，露胎處呈現火石紅。洗心刻劃一尾游魚，再輔以水波紋，宛如小魚在清泉中游蕩，釉色與魚紋巧妙結合，產生了靜中有動的藝術感染力。

南宋 洗

口徑 十四·五厘米

直沿撇口，斜直壁，
下腹向内收，圈足。
胎呈香灰色，修胎較細。
通體施粉青釉，釉色天青瑩潤。
釉面光素無紋，氣質素雅。

此件看似簡單，却造型精妙。
身與足不過是兩個倒梯形，口沿處微微翻折，
剛硬中就顯出柔姿與文雅。
又有一種綻放的美妙。
足與身的銜接也自然而有節奏，輕盈的落於案頭。
釉面温潤，色調的柔和含蓄與之呼應。
造型、釉色、質地無不體現出宋代瓷器的高妙。

南宋

盤口洗一對

口徑 十四·五厘米

英國 Roger Keverne 遞藏

圓唇，盤口，曲腹，下置圈足。
通體施粉青釉，釉色深沉、寧靜。
墊燒，裹足刮釉，
修足規整、薄俏，微內收，
露胎處見火石紅。胎質細膩。

元 貼塑人物蓮生貴子洗

口徑 十五厘米

英國 Roger Keverne 遞藏

花口，折沿微上翹，
上腹斜直，下腹圓弧狀急收，圈足。
洗內貼塑童子戲蓮，
內壁刻劃纏枝蓮紋，
外壁刻蕉葉紋。
除童子素面外，通體施青釉，
外底刮釉一周，底心留有釉點。

南宋 葵口折沿盤

直徑 十七厘米

日本東京藏家遞藏

圓唇，八瓣葵口，寬折沿，淺腹，斜壁內收，平底，圈足。通體施粉青釉，光素無紋飾。釉層凝厚、溫潤，爲南宋時期上等的粉青釉。造型優美，製作規整，是南宋時期巔峰之作。墊燒，裹足刮釉，修足規整，露胎處可見火石紅。胎色灰白，胎質細膩。

就爲了這隻小碟，我被身邊很多人冠了一個「傻」字，什麼原因呢？這還要從二十多年前說起。

自從一九八三年收到第一隻龍泉碗，我便對龍泉瓷産生了濃厚的興趣，除了師父的言傳，我還想盡辦法地多學習。到二十世紀九十年代初期，我對龍泉瓷的認知，又上升了一個層次，明白了什麼叫作「無工勝有工」。所以，也更加鍾情那類素雅的器物，沒有刻工、無須裝飾，僅憑造型和釉色，就足以帶我遠離喧囂，體會到「天清江月白，心静海鷗知」的意境。

有一位日本牙醫Matsuyama（松山）先生是我的老朋友，他非常喜歡中國瓷器，每周三休息時，都要去他認識的幾家古玩店去逛一逛。古玩行有一個習慣，一般客人進到店裏，看到的都是普通的展品，衹有真行家或者熟悉的客人來訪，老板纔會拿出好的藏品。所以在日本，很多藏家衹選擇自己熟悉的古玩店或者拍賣行，一來是信任，二來是可以看到好藏品。我的這位朋友每隔一段時間，就會帶着他新收到的寶貝來香港找我，我們彼此分享各自的藏品，這個習慣，一直到現在都不曾間斷。

一九九三年夏天，他帶着新收到的幾件寶貝來到香港，也就是在那段時間，我對光素的龍泉十分着迷，所以一看到這隻小盤，便欲罷不能。

怎么纔能得到呢？日本人對龍泉的喜愛已經有上千年的歷史了，從宋代開始，日本人就對龍泉青瓷情有獨鍾。在日本被列爲「國寶評級」的中國瓷器約有八件，其中龍泉青瓷就占了三件，由此可見日本文化對龍泉青瓷的重視。

邊和牙醫聊天，邊在腦子裏飛速盤算：我怎樣纔能得到呢？買？他肯定不願意！換？用什麽換呢？我雖然知道他自漢唐、宋元，到明清都喜歡，但總要挑一件能打動他的器物纔可以呀！就在我胡思亂想的時候，真的是天降福星。怎么回事呢？我的那位日本朋友看上我的一隻小杯，一隻雍正時期書成化款的鬥彩鷄缸杯。就這樣，我們一拍即合，他這隻小碟留給了我，我把小杯送給了他，皆大歡喜。接下來的故事，想必大家也就知道了爲什麽我被冠以「傻」字。

單色釉瓷器在二十世紀九十年代并不太受重視，而鬥彩，自創燒以來就備受追捧，成化鬥彩自不用説，是明代最膾炙人口的瓷器，明代沈德符在《萬歷野獲編》中記載「成窑酒杯，每對至博銀百金」。《明實録·神宗實録》中，也有「神宗時尚食，御前有成化彩鷄缸杯一雙，值錢十萬」的記載。至清代，康熙、雍正、乾隆都有宫廷仿製成化鬥彩鷄缸杯，有的書「大清某某年製」官窑款，有的則落「大明成化年製」款識。其中乾隆年間更有「大清乾隆仿古」款。

曾經有人統計過，目前世界上留存的成化鬥彩鷄缸杯是十六隻，其中三隻有待考證，而真正能够在市場中流通的，可能是四件。因此，想要收藏一件成化鬥彩鷄缸杯，是多少收藏家夢寐以求的事情，除財力外，還必須佔盡天時、地利。那麽在這種情况下，即使是清代仿製的鷄缸杯，也顯得尤爲珍貴了。

陶瓷界向來有「明看成化，清看雍正」的説法，因爲雍正皇帝本人作風嚴謹，所以其所製瓷器也格外精益求精，鷄缸杯更是可想而知。我真的傻嗎？如果衹從經濟角度考慮，的確很不劃算。但是，我自己却不以爲然。

收藏，本就是一件非常主觀的事情，我喜愛一件東西，擁有了，便是幸福，而這種愉悦，豈是用金錢可以衡量的？當年我和朋友交換藏品時，彼此也未曾想過要將器物轉讓。

幾年前，我去日本時，還在朋友家見過那隻鷄缸杯，而這隻小盤，直到今天，我看到它，還總要伸手摸一摸，似乎那一汪肥潤純淨的粉青色釉，衹用眼睛去看，已經滿足不了全身心迸發出的喜愛，必須再加上雙手的觸摸，纔能感知到什麽叫作恬静温柔。

在這裏，我借用李白的一首詩來回答朋友們的評論吧：

「問余何意栖碧山，笑而不答心自閑。
桃花流水 然去，别有天地非人間。」

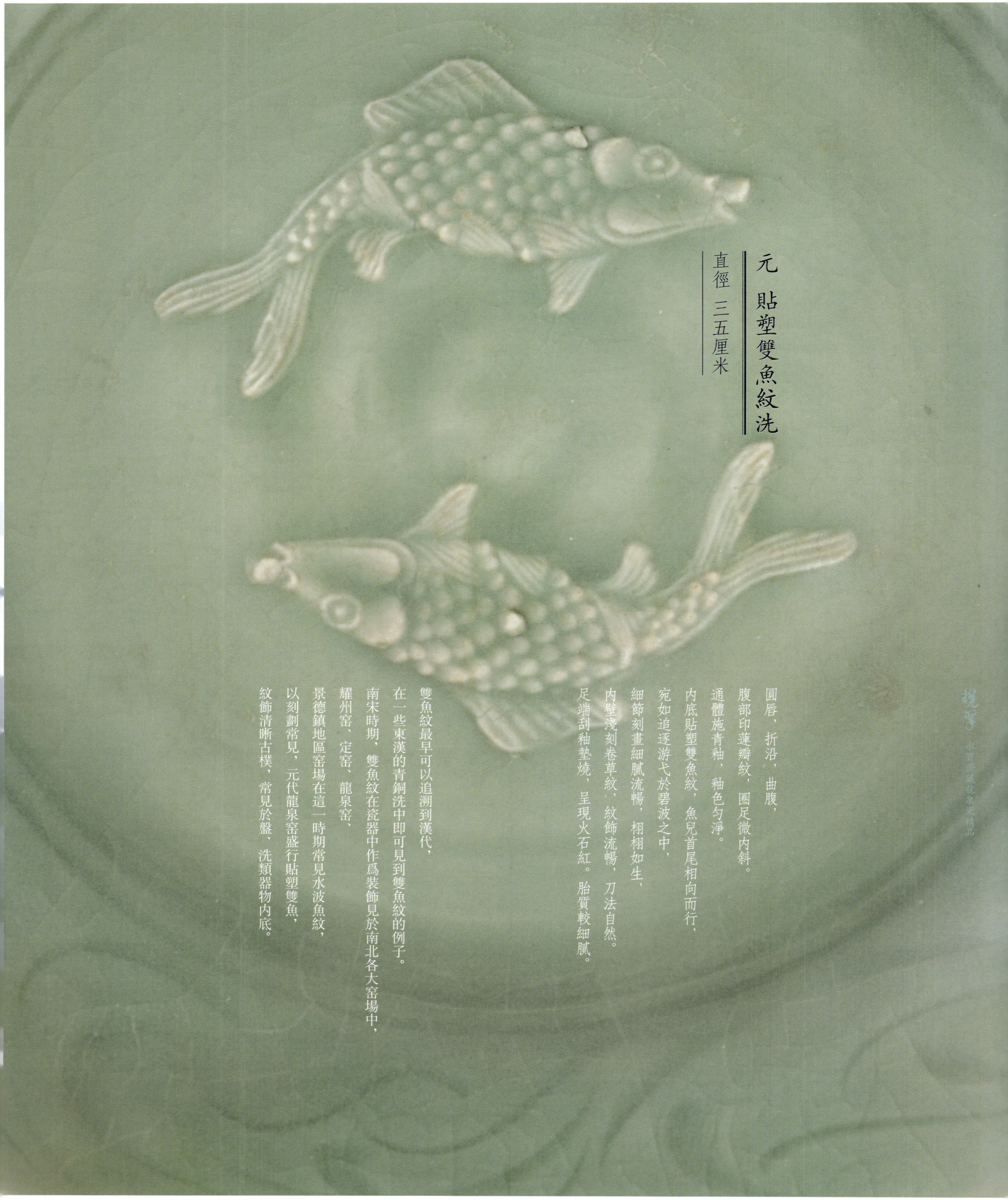

元 貼塑雙魚紋洗

直徑 三五厘米

圓唇，折沿，曲腹，
腹部印蓮瓣紋，圈足微內斜。
通體施青釉，釉色勻淨。
內底貼塑雙魚紋，魚兒首尾相向而行，
宛如追逐游弋於碧波之中，
細節刻畫細膩流暢，栩栩如生，
內壁淺刻卷草紋，紋飾流暢，刀法自然。
足端刮釉墊燒，呈現火石紅。胎質較細膩。

雙魚紋最早可以追溯到漢代，
在一些東漢的青銅洗中即可見到雙魚紋的例子。
南宋時期，雙魚紋在瓷器中作爲裝飾見於南北各大窑場中，
耀州窑、定窑、龍泉窑、
景德鎮地區窑場在這一時期常見水波魚紋，
以刻劃常見，元代龍泉窑盛行貼塑雙魚，
紋飾清晰古樸，常見於盤、洗類器物內底。

宋—元

硯臺

高 十三・三厘米

日本藏家遞藏

此硯呈長方形，
外施青綠釉，釉面潤澤。
硯膛凸起，係「鳳池式」硯，
備受文人雅士喜愛。
蓋內及硯膛處露胎，
呈火石紅色。
胎質堅實細膩。

古人把文房用具中最常見的筆、墨、紙、硯稱爲「文房四寶」。
硯臺舊說起於漢，但湖北雲夢曾有戰國石硯出土。
漢代以後，造硯之法漸趨成熟，
除石硯外，始有金玉、木陶、磚瓦等爲之。

宋代，文房用具的種類越來越豐富，
且由於文人雅士的喜愛，此類器物的研究著作也不斷增加，
最爲著名的當屬北宋蘇易簡《文房四譜》，
書法家、畫家米芾亦曾著有《硯史》。

值得注意的是，硯池內施釉，
印魚紋露胎，魚游碧波，相映成趣。
硯蓋印一童子手執並蒂蓮花，
做嬉戲狀，爲「太子玩蓮圖」故事。

近代著名作家沈從文曾在《古代鏡子的藝術》一文中指出：
「唐代佛教盛行，藝術各方面都受過影響，
根據《蓮花太子經》故事製作的太子玩蓮圖案，
用一些胖娃娃作主題，旋繞於花枝間。」

著名收藏家仇焱之曾經收藏類品一例，
現歸香港中文大學文物館所有，可資比較。

宋

如意雲龍紋筆

長 十六厘米

日本東京銀座千秋庭遞藏

南宋—元

雙桃形水盂一對

高 六・五厘米

英國 Bluett & Sons Ltd., London. 遞藏

美國 Doyle Auctions New York 拍賣會

水盂整體作並蒂雙桃形。
一邊爲桃形硯滴，內部中空，頂部開一小孔，用於注水及控制水流行止；
一邊爲半桃形水盂，作剖開狀，用於貯水，雙桃當中有小孔相通，以菓蒂與桃葉蔽之。
整體器型精美，設計巧妙，通體施青綠釉，釉質細膩瑩潤。孔沿、半桃水盂邊沿局部及平底露胎，呈火石紅色。
整器小巧可愛，置於書房，猶如於菓林中摘取的一對碧桃，頗有一番古樸自然之感。

仿生文房用具是龍泉窑瓷器中的一個較爲特殊的門類，亦爲其一大特色，是對自然生命形態的創造性設計與應用，品種多樣，構思巧妙，與文人雅士的生活緊密結合，美觀而又充滿實用價值。

硯滴與水盂是文房中非常重要的一類器物，主要用於灌注與儲存研墨用水，輔助研墨之用。水盂日夜與文人相伴，被很多文人與收藏家稱爲文房「第五寶」，雅稱「水中丞」，源於南宋龍大淵《古玉圖譜·文房部》中的記載：「水丞，貯硯水的小盂。亦名水中丞。」而趙希鵠所著《洞天清録》「水滴辨·晉人水盂」一節中曾叙：「余嘗見長沙故官家有小銅器，形如桶，可容一合，號「石軍研水盂」，其底内有『永和』字，此必晉人貯水以添硯池者也。古人無水滴，晨起則磨墨汁盈硯池，以供一日用，墨盡復磨，故有水盂。」

水盂誕生於秦漢，實際使用時常配有舀水小勺，精緻講究，其形制與材質豐富多樣，很多精品器物以象形仿生爲主體設計，取動物、植物菓實爲形，匠心獨具，創意精巧，既可作爲文房用具，也可爲掌上珍玩，可置書案一隅，或多寶閣中。器物雖小，却師法自然，將人文與天地的精華濃縮於設計之中，充分體現了古代文人「天人合一」的人文精神與哲學觀念。

臺北故宫博物院有一件南宋藏品與之相似，定名爲修内司官窑月白雙蓮房水注，以兩蓮蓬相依，形態簡約質樸，與之立意相近。北京保利八周年春拍《大明·格古》中有一件拍品與其相似，均爲完整桃形，長十三·五厘米，定名爲仿官釉雙桃形水注，爲仇焱之遞藏，分别在一九八〇年、一九八七年與一九九八年在香港蘇富比送拍。中拍國際二〇一八春拍《妙臻百藝——文房·玉器·雜項》專場中有一件拍品與其相似，長十三·五厘米，高五厘米，定名爲龍泉窑桃形硯滴水洗。

元 牛形硯滴

長 十厘米

日本千秋庭遞藏

此件硯滴爲牛形，呈站立狀，體形健碩，四腿粗壯有力，卷尾拍打後臀，昂首似低哞。嘴部留有一小孔作爲流，通體施青釉，釉色青翠、光亮。四蹄露胎，可見火石紅。胎質較細膩。

硯滴爲中國古代文具之一，用於貯水，並向硯池內滴水，故亦稱水注。硯滴早在漢代便已經使用，當時多爲銅製。

三國兩晉時期，出現瓷製硯滴，且隨着動物造型在瓷器上的廣泛應用，一些動物形硯滴應運而生。現藏於故宮博物院的東晉越窰系青釉龜形硯滴，造型生動，設計巧妙，或可説明當時製造工藝。清人許之衡在《飲流齋説瓷》中記：「蟾滴、龜滴，由來已久。古者以銅，後世以瓷，凡作物形而貯水不多則名曰硯滴。」唐代，硯滴始以瓷器爲著，形制小巧，新穎別致。唐代茶僧、詩人皎然在《送裴秀才往會稽山讀書》中曾有「硯滴穿池小，書衣種楮多」詩句。兩宋時期，重文抑武。自宋太祖開始，中華民族綿延了幾千年的尚武精神逐漸衰敗，另一方面，文人士大夫的地位越來越高。「萬般皆下品，唯有讀書高」即出自北宋年間《神童詩》。宋真宗曾親自作御詩《勸學篇》，鼓勵學子們「書中自有黃金屋，書中自有顏如玉」。如此環境之下，自然是讀書人如雨後春笋般涌現，由此導致文具需求量大增，同時，對文具的品質，也是極度追求精緻、清雅。

製瓷業的發展，爲文人雅士的嗜好提供了可能性。硯滴作爲文房品種之一，不僅具有實用性，還成爲他們案頭陳設的雅玩。龍泉窰硯滴爲元代常見，如舟、魚、童子牧牛等器形。揚之水先生在《棔柿樓集》中也提到：「宋元流行的又有一種牧童騎牛硯滴，與此際頗多佳製的以牧童爲題材的繪畫正相一致。」不論硯滴外形如何，其結構却是相同的：一則腹內中空，用以盛水，二則在較高位置上留有一細孔，傾倒時，用以滴水，三則背上有一圓孔，用以注水，且圓孔與腹相通。使用時，用手指按住圓孔，以防硯滴移到硯臺上時，有水灑出，而後，將細孔對準硯臺，並將按住圓孔的手指略微松開，便有涓滴入硯。

人類對牛懷有極爲特殊的情感，據古籍記載，被先民奉爲「神農」的炎帝，其形象即是人首牛身。《山海經·大荒東經》記述東海神獸「夔」，「狀如牛」。《周禮·月令》記載「季冬之月……出土牛，以送寒氣」，此即「打春牛」「鞭土牛」風俗，以示勸民春耕之意。南宋詩人楊萬里在《觀小兒戲打春牛》中記述得極爲詳盡：

「小兒著鞭鞭土牛，學翁打春先打頭。
黃牛黃蹄白雙角，牧童綠蓑笠青蒻。
今年土脉應雨膏，去年不似今年樂。
兒聞年登喜不饑，牛聞年登愁不肥。
麥穗即看雲作帚，稻米亦復珠盈斗。
大田耕盡却耕山，黃牛從此何時閑？」

北宋文學家蘇軾被貶逐蠻瘴僻遠的「天涯海角」時，也曾作《減字木蘭花·立春》禮讚海南之春：

「春牛春杖，無限春風來海上。便丐春工，染得桃紅似肉紅。
春幡春勝，一陣春風吹酒醒。不似天涯，卷起楊花似雪花。」

民間美術中，牛的形象廣爲應用，被視爲力量、富裕的象徵，同時兼具驅灾闢邪之功能。由此可看出牛圖騰崇拜的種種迹象，也說明在數千年農耕社會中，牛所擁有的地位。至於在文具裏使用牛的形象，抑或是文人雅士對田園生活的憧憬和讚頌？

此硯滴造型十分逼真，形神兼備，窑工對牛的體態把握極爲成功，通過高低起伏的綫條，將牛的肌肉表現得淋漓盡致，其大腹便便近乎着地，更是展現了該牛肥壯的身軀。

元 魚形硯滴

高 七·三厘米

日本大阪童夢拍賣會

此鯉魚嘴下爲滴，腹部有一注水小孔，用手指遮掩小孔時可以控制出水量。魚身一面刻有魚鱗，錯落有致，另一面爲露胎平面，呈火石紅色，是燒造時放置於匣鉢的接觸面。小魚構思精巧，造型逼真，倘若以露胎面擺放，好似開懷大笑，若以腹下魚鰭作爲支撑，又似暢游水中，且此時在背鰭和尾鰭之間還會出現一小凹槽，可作筆架。墊燒，露胎處可見火石紅。胎質較細膩。

《莊子與惠子游於濠梁之上》有這樣一段對話：

「子非魚，安知魚之樂？」「子非我，安知我不知魚之樂？」

此小魚憨態可掬，眼睛裏散發出一副無知、無辜、無爭的神態，嘴巴微撅，好像委曲求全，又好像怏怏不服，尾巴輕輕擺動，不知它是在討好，還是想游走。吾非魚，安知魚之思？

魚，是中國人非常喜愛的一種動物，因漢語中「魚」與「餘」「裕」諧音，故而在我們的觀念中，魚是富裕、吉祥、美好的象徵。魚紋，亦成爲中國傳統紋飾中最爲重要的紋樣之一。早在六千多年前，新石器時代仰韶文化，魚紋是半坡類型彩陶中常見的紋飾。就瓷器而言，以鯉魚紋較爲常見。鯉魚，繁殖能力超强，生命力極爲旺盛。因此，先人們爲了綿延後代，渴望如鯉魚一般繁衍不絶，人丁興旺，便賦予了鯉魚很多美好寓意，並使之成爲一種精神寄託。

春秋時期，魯國國君魯昭公將鯉魚作爲禮物饋贈給孔子。據《史記·孔子世家》記載，孔子喜得貴子，魯昭公以鯉魚相贈，由是孔子爲兒子取名孔鯉，字伯魚。《詩經·陳風·衡門》云：「豈其食魚，必河之鯉？豈其取妻，必宋之子？」

兩漢時期《飲馬長城窟行》中有這樣幾句：

「客從遠方來，遺我雙鯉魚。呼兒烹鯉魚，中有尺素書。長跪讀素書，書中竟何如？上言加餐食，下言長相憶。」

成語「魚傳尺素」即出於此。

民間關於鯉魚的傳說，當屬「鯉魚躍龍門」最爲膾炙人口。北魏時期《水經注》、東漢時期《三秦記》，都有相關記載。

據《三秦記》記載：龍門山，在河東界。禹鑿山斷門一里餘。黄河自中流下，兩岸不通車馬。每歲季春，有黄鯉魚，自海及諸川，爭來赴之。一歲中，登龍門者，不過七十二。初登龍門，即有雲雨隨之，天火自後燒其尾，乃化爲龍矣。

關於「鯉魚躍龍門」的傳說，不同時期、不同地區有不同版本，但中心思想不外乎讚美鯉魚逆流而上的進取精神，因此「鯉魚躍龍門」又被賦予考試中舉、升官，從此飛黄騰達的寓意。李白曾於《贈崔侍郎》一詩中寫有：「黄河三尺鯉，本在孟津居。點額不成龍，歸來伴凡魚。」宋代《神童詩》「年少初登第，皇都得意回。禹門三汲浪，平地一聲雷」中的「禹門三汲浪」，亦指「鯉魚跳過龍門」。

這條龍泉窑小鯉魚，被做成了硯滴。所謂硯滴，是一種文房用具，古人研墨時往硯中注水之物，所以也稱其爲水滴、水注。清代許之衡在《飲流齋説瓷》記：「水滴，象形者，其制甚古。蟾滴、龜滴，由來舊矣。古者以銅，後世以瓷。明時有蹲龍、寶象諸狀。凡作物形而貯水不多者，則名曰『滴』，不名曰『盂。』」

硯滴歷史非常悠久，故宫藏有一隻越窑系青釉龜形硯滴，爲東晉作品。宋元時期，瓷硯滴再度興盛，尤其以龍泉窑最爲新穎別致、造型豐富，除魚形外，還有俑形、船形、童子牧牛等等。

元 水盂

高 二十厘米

日本東京薰隆堂遞藏

元 堆塑人物水盂

高 九·三厘米

日本東京朝日古美術館遞藏

圓唇，上腹略鼓，下腹斜收，
肩部貼塑一人物，
頭戴斗笠，身披蓑衣，
做攀爬深望狀。
通體施青釉，釉色勻淨。
足端刮釉墊燒，呈現火石紅。
胎質較細膩。

元 雕刻人物水盂

高十二・二厘米

英國倫敦 Spink 遞藏

微侈口，圓唇，束頸，上腹略鼓，下腹斜收。盂肩部貼塑一人物，頭戴斗笠，身披蓑衣，做攀爬深望狀。且肩部最大徑處刻劃一周波浪紋。器內底部貼塑雙魚紋，露胎。通體施青釉，釉色勻淨。墊燒，裹足刮釉，露胎處見火石紅。胎質較細膩。

我過去做學徒的時候，經常跟着師父去歐美，其中在英國有一家特別的店，讓我印象非常深刻。

這家古董店名字叫 Spink，它的特殊之處就是在門前有兩個皇冠，我師父的好朋友李艾琛告訴我，這家店是專門做貴族生意，在英國，衹有皇室連續兩年惠顧的店面，纔能向政府申請皇冠，而這家店門前有兩座皇冠，可想而知，它有多麼地厲害。

這麼高級的古董店裏面有不少頂級的中國古代藝術品，每次路過都想進去看一看，但是那時我還在做學徒，哪裏敢進人家這種貴族級別的古董店呢？所以每次即使到了店門口，也不敢進去，就站在櫥窗外看一看，然後擦一擦口水，學習學習悄悄地離開。

心裏的那種自卑，讓我每次都望而卻步。

一九八八年的時候自己開店，初始時，也僅僅是在香港、澳門、臺灣三地之間來往，後來我太太考慮到我以前經常跟着師父去國外，也算是有了一些經驗，所以她當時就建議我們要多跑一些國家，從那時起，我們就比較頻繁地來往於歐美和香港之間。

有一次我和我太太路過 Spink 的門前，過去心裏的那種自卑依然讓我不敢邁進 Spink 的大門，但我的太太非常堅定地告訴我「這有什麼怕的，又不是不給錢，萬一有合適的藏品呢」？

正是有了我太太的鼓舞，我第一次走進了這家古董店。

進去之後纔發現，這種高級別的古董店其實并不是每件都價值不菲，也會有一些適合大衆的作品，所以當時反而一下子買到了好幾件藏品，這個龍泉堆塑人物紋水盂就是當時從 Spink 買的。這麼精緻的文房之前從來没有見過，直到現在，我也只是遇到這麼一件。

慢慢地，我們與 Spink 接觸越來越多，而且令當時的我没有想到的是，多年以後，我們竟然和 Spink 的總裁成了很好的朋友，直到現在我們都保持着很好的聯系，也經常照顧彼此的生意。

這麼多年過去了，每次看見這隻小水盂，我都能看到當年那個膽怯的、年輕的我，當我現在回頭看時，也會不禁地問自己一句，有什麼可害怕的呢？

或許這種心理對於大部分新入行的年輕人來説，都或多或少的存在，但我想告訴大家的是，任何時候都不要自卑，要學着用真誠的態度去打動對方。哪怕是剛剛入行的小朋友，也要給自己奮鬥的機會，我們要用真誠、真意去和人家交流，相信一定會有收穫。

南宋

蓮瓣紋燈盞

高十二·五厘米

上半部分爲雙層燈碗，中間夾層，一端有孔，用以注水降温，下接高柄形圈足，中部置横鋬，近底處呈喇叭形。燈碗外壁飾蓮瓣紋，中脊突出。通體施粉青釉，釉色瑩潤。足端刮釉墊燒，露胎處可見火石紅。胎質較細膩。

元

蓮花形鳥食罐

高三·七厘米

橢圓形，小圓口，一側安圓筒狀小紐，小平底。外壁模印層層相疊的蓮瓣紋，輪廓突出，葉脉清晰。通體施青釉，釉層肥厚。墊燒，露胎處見火石紅。胎質較細膩。

南宋－元

刻花盒

直徑 十一・五厘米

盒呈扁圓形，平頂，蓋緣呈弧形下折，子母口，淺腹，內含三粉池，以貼塑花葉狀紋飾相隔，下置圈足。蓋面刻折枝蓮紋，紋飾疏朗，刀法流暢自然。通體施青釉，釉色青翠。足端刮釉露胎，呈現濃艷的火石紅。胎質較細膩。

元 船形硯滴

長 二十厘米

日本東京朝日古美術館遞藏

船形，平底，有倉棚和艄棚，倉棚船舷兩側有欄干，倉內有人物塑像二尊，着襟衣，爲男女二人席地而坐呈交談狀。倉棚左邊擱有一木槳，棚頂置有笠帽，右邊一艄公作取笠狀，艄棚略小。船首前有一小洞，注水之用。船身內外施青黃釉，釉色青亮。船體露胎，胎色灰白，較細膩，微見火石紅，此器與浙江省博物館藏元龍泉窑青瓷舟形硯滴屬同類。

元

獅、象形燈盞一對

高十·八厘米

香港荷李活道購得

瓷燈盞在宋代出現後，迅速取代了其他材質，歷朝歷代燒造不衰，時代特徵極爲明顯。此對燈盞爲一獅一象分別於背部披有一毯子造型，上承盤形燈盞。獅、象造型比例準確精當，軀幹、四肢刻畫精細，五官清晰可見。通體施青釉，釉色青綠。胎質細膩。

元 提梁水桶

高 三五厘米

日本京都坂本五郎遞藏

呈桶形，腹部飾兩道繩旋紋，
簡素妍麗，古雅大方。
通體施青釉，器身布滿開片，
釉色瑩潤，古樸至極。
墊燒，圈足着釉，外底露胎。
胎質較細膩。

類似的青瓷水桶，在國内存世稀少，
不僅博物館中難覓其踪影，
就連窑址考古工作中也從未發現過殘片。
這類器物在日本茶道具中叫「水指」，
即用來盛水的茶具，煮茶時如果釜裏的水不够用了，
或者太燙了，需要調整水温時，
點茶主人便會從水指當中取水。
但造型往往較大。

這類小巧玲瓏的水桶則是專門用來盛放茶葉末，被稱爲茶入。
在茶道盛行的日本國，
於六百多年前自中國遠道而來的青瓷茶具，
更是被人們視若珍寶，
這也是爲什麽這隻青瓷水桶歷經六百多年而依然完好無損。

燒窯

永寶齋藏龍泉瓷精品

明代早期龍泉窑質量較高，
爲我國主要外銷商品之一，大量銷往亞洲、非洲等國家。
此外，還服務宫廷。

天順八年以前，明王朝曾幾次派内官到處州府監燒龍泉青瓷，供皇宫使用。
明代早期龍泉窑繼承前朝製作工藝，胎釉質地變化較小，
胎呈灰白或灰色，大部分瓷器施一次釉，
釉層薄，少數瓷器釉較厚，有玉質感。
釉色較深，多數呈青緑或豆青色，黄釉少見，
説明燒窑時，窑内還原氣氛控制較好，燒窑技術穩定。

成化、弘治以后，龍泉窑瓷器胎體更加厚重，
釉層薄而透明，刻劃花粗放草率，
有的外底留有挖足刀痕，製作粗糙，質量顯著下降。

明　文房一套

尺寸不一
香港摩羅街購得

很多人都知道香港荷李活道是古董街，但其實摩羅街比荷李活道更早，之前的名氣也更大，怎麽説呢，摩羅街很像現在的北京潘家園。

摩羅街位於香港上環皇后大道西與荷李活道之間，從二十世紀三四十年代開始，那裏就開始買賣舊貨。香港開埠初期，很多印度士兵和水手喜歡聚集在那裏擺賣雜物。當時香港人習慣把印度人稱爲「摩羅差」，「摩羅」意指用頭巾纏髮的印度人，「差」意指在英國殖民地駐守的印度士兵，所以久而久之，就有了「摩羅街」這個稱呼，英文名爲「Lascar Row」。

那時候的舊貨來源大致有兩種，一種是香港半山富人區淘汰的舊物。另一種是「老鼠貨」，所謂「老鼠貨」，其實就是賊人偷盜來的，然後就在地攤售賣，人們説那些買「老鼠貨」的人像猫一樣，所以摩羅街也叫「猫街」，即「Cat Street」。

經歷幾十年後，摩羅街越來越熱鬧，雖然道路十分狹窄，而且僅有二百米長，但却有幾十家雜貨店，每家店門口還聚集着若干的地攤，想進入店鋪，必須要穿過地攤。最繁華的時候，人走路的道兒衹有幾十厘米，剩下的地方全堆滿了古董雜物。從玉器、陶瓷、銅佛，到金石書畫、木器家具、錢幣，就連舊表、舊鋼筆、舊鳥籠、舊衣服、老報紙、芭比娃娃等一些細碎的小玩意兒也都是一應俱全。

二十世紀八十年代末，那時候我幾乎每天都會去那條街，哪家是賣雜物的，哪家是真有古董的，心裏再清楚不過了。所以，一般情況下，經過那些售賣雜物的店門口時，我都是徑直走過。但是那天，也不知道爲什麽，路過一家雜貨鋪的時候，莫名其妙地多看了一眼。從一堆舊書、舊電飯煲的縫隙中間，隱隱地瞥見一片青色，直覺告訴我「那是瓷器的顏色」。於是我扒開舊書，移開電飯煲，一套龍泉青瓷文房就悄無聲息地出現在我的眼前了。怎麽也没想到在這裏會發現一套龍泉文房。

那一瞬間，就像天上的餡餅正好掉到我嘴裏一樣，別提有多激動了，但馬上，我就意識到要克制住內心的歡喜，否則的話不好跟店家問價格。我故作很隨意地問道：「這一套多少錢呀？」，没想到，攤主要的是一個叉燒包的價錢。當時也顧不上仔細查驗器物的品相，更没好意思還價，給了錢用報紙一包，抱起盒趕緊跑了。回到家，當我想認認真真地欣賞瓷器時，更加不可思議的事發生了：包裝盒上的信息告訴我，這套龍泉文房瓷器的身世非比尋常，它們牽連着

夏慤總督香港英軍總司令處存
中國國民政府軍事委員會委員長廣州行營主任陸軍上將張發奎敬贈
攬翠
永寶齋藏龍泉瓷精品

兩位與香港歷史有關的人物。

盒蓋上的文字是：

「夏慤總督香港英軍總司令惠存」「中國國民政府軍事委員會委員長廣州行營主任陸軍上將張發奎敬贈」

從文字看，這套龍泉文房應該是張發奎上將贈送給夏慤總督的。夏慤，這個名字對於香港人來說太熟悉了，因爲香港有一條路就叫「夏慤道」，而且是現在香港中西區的一條主幹綫。

夏慤，看上去像是很地道的中國名字，但却是一位英國人，是英國皇家海軍上將。曾擔任香港軍政府首長，在香港的時間雖然不到一年，但對香港的社會秩序、法紀乃至交通等各方面都產生了重要的影響。

張發奎將軍（前左二）
香港軍政府首長夏慤（前右二）

香港摩羅街老照片

張發奎是國民黨陸軍上將、北伐名將、抗日名將，他是中國國民政府軍事委員會委員長廣州行營主任陸軍上將。二戰勝利以後，蔣介石曾經任命他擔任廣州、雷州半島，以及香港、海南島戰區的受降官。所以，夏慤擔任香港軍政府首長時，張發奎任廣州行營主任。也就是說，夏慤在香港的那段時間，他們是有工作關係的。至於張先生爲什麼要送這些瓷器給夏慤，我没有查到相關的歷史資料。

這幾件龍泉青瓷，年代不同。我不知道張發奎上將是自己湊的這一套文房，還是他買回來時就這樣配成套了。但從木盒的裝飾特點和木質的包漿看，應該是張先生贈送時特意定製的，而且每件器物都是隨形的保護，這個小小的細節，也能感受到張先生十分珍愛這些器物。

至於夏慤先生爲什麼没有將它們帶回英國，已經無從知曉了。只是覺得，這些器物產自宋元明，輾轉於各地而匯集在一起，最後淪落在香港街頭遇到我，這大概便是緣分吧。

明 獸形香爐

高十一・五厘米

日本東京大島古美術遞藏

本件香爐整器爲長方形，分爲蓋與身兩部分，蓋鈕爲獅形瑞獸——狻猊，張口蹲立，脚踩繡球，口銜綬帶，造型威武勇猛，雄偉大氣。器身正面刻蘭草花卉紋，兩側刻蘭草紋並貼鋪首，下承四如意形足。整體施青釉，釉色瑩潤，開細碎冰裂紋片，裂紋深淺不一，口沿及器身底面局部有露胎火石紅。胎質較細膩。

在中國神話傳説中，狻猊是龍九子之一，其形如獅，明陸容《菽園雜記》卷二中記載「金猊，其形似獅，性好火烟，故立於香爐蓋上」，因此常在香爐蓋上見其身影。在古代文學作品中，衆多大家對其亦有描述：從前蜀和凝《宮詞》「鶯錦蟬羅撒麝臍，狻猊輕噴瑞烟迷」、宋代周必大《二老堂雜志・大宴金獅子》「香裊狻猊雜瑞烟，於彩仗雪殘鳷鵲」及清代蒲松齡《聊齋志異・余德》「金狻猊爇異香」等詩文中可一睹其在古代時的風行面貌。

龍泉窑在元代前未曾出現狻猊造型香器，而宋代汝窑有狻猊香器的燒製歷史。北宋時期，徐兢出使高麗，在其所撰的《宣和奉使高麗圖經》「陶爐」一節中曾對仿汝窑的高麗青瓷有此描述：「狻猊出香亦翡色也，上爲蹲獸，下有仰蓮以承之，諸器惟此物最精絶。」

此件香爐器型方正敦厚，燃香後，烟可從器身通過蓋鈕獅子口中飄出，在同類薰爐中較爲少見，爲收藏珍品。

明 人物故事紋硯屏

高 十五·五厘米

硯屏方形，下有座。
正面貼塑仙人，呈拱手狀，
周身以瀝粉工藝飾雲氣紋，
仙人一側印有圓形人物故事圖案，
採用露胎裝飾，呈現濃重的火石紅。
背面淺刻雲龍紋，前置兩個圓形筆插。
底足露胎。胎質較細膩。

傳硯屏始於蘇東坡，黄庭堅二人，
因日光或燭光投射墨汁之餘光甚傷目，
故製硯屏以擋之。
宋代文人趙希鵠在《洞天清祿集》説：
「古無硯屏……自東坡、山谷始作硯屏。」

明代龍泉窑所見硯屏較多，
其上均有裝飾，極富情趣。

214
215

明 卧榻人物硯屏

高 十厘米

每次看到這件硯屏，都會讓我想起一件往事。

那是一九七四年，香港股市從一九七三年的一七七四·九六點跌至一五〇·一一點，灾難性的金融危機使得香港經濟完全被恐怖籠罩着。

那段時間，我師父的古董店也是慘淡經營，每天沉迷在一二百，二三百元的貨品中，用師父的話説，我們恨不得「朝種樹，晚鋸板」，什麽意思呢？就是説早上剛播完種子，晚上就希望樹木成材，因爲要等着切割出板子睡覺呢。但是做古董，一二百塊錢根本轉不動，至少也要有個五千至七千元的流動資金纔有能力上新的藏品。有了新藏品，纔有生意可做。

因爲在那樣的經濟狀况下，很少再有人願意搞收藏，僅剩不多的一些藏家，也變得挑剔起來，藏品不但要精美，還要有稀缺性，人家纔肯出錢。

忽然有一天，師父從周生生的金店裏買回幾件東西，其中就有一件與這隻硯屏相類似的，也是龍泉，也是硯屏，也是一個憨笑的娃娃側卧在榻上。那只硯屏，在當時的香港古董市場來說，是非常稀有的。它的出現，就好像沙漠中的一灣水，難得且意外，同時，又能拯救生命。

我當時還是個小學徒，什麼龍泉，什麼青瓷，我完全沒有概念，唯一印象深刻的就是：我師父是幾百元買回來的，然後以八千元的價格賣給了香港一位藏家。

哇！古董店一下就活了，有了八千元，我們就可以更新藏品，也有膽量去買更貴的藏品，哪怕人家要一兩萬元，我們也可以先支付一部分，按當時香港古董行業的規矩，允許一個月後再結算餘款。

八千元，對於現在來說並不算什麼，但在二十世紀七十年代，無疑就是黑暗中的一束光亮，所以，時隔二十幾年後，我在日本萬隆堂發現這隻硯屏時，就無論如何也要拿下，首先是它的確精美，釉色青翠，人物笑意盈盈，讓人看着就無比開心。

還有一個重要的原因，就是它能觸發我的回憶，總有一份抹不去的情懷。看到它，我就想起師父創業時的艱難，另一方面，它又一直激勵着我：做古玩生意，其實也不衹是古玩，做任何行業都一樣，總會有遇到黑暗的天氣，但是，每一天都有明天，也許明天，就能見到陽光。

明中期

堆塑嬰戲香爐

高八・八厘米

爐身呈直筒形，口沿及近底處分別飾一周鼓釘紋，器身以堆塑三組嬰戲圖作爲香爐底足，每組爲兩個小童做攀爬狀，相互合作，一個小童呈蹲狀，後背承接圓形器身，另一個小童則踩在其後背上呈攀爬狀，翹首望向圓形器身，呈現出活潑、熱鬧的場景，將小童的頑皮、好奇、活潑展現得淋漓盡致。通體施青釉，釉色青翠，光澤水潤。口沿及底部無釉，露胎處呈現濃艶的火石紅。

該件香爐在設計上別出心裁，將嬰戲紋樣與器型緊密結合，同時展現了嬰兒活潑好動的景象，充滿童趣，是少見的藝術創作。

明 永樂官器匜

直徑 十五・五厘米

日本東京橋古玩店購得

圓唇，敞口，一側置方形流，弧腹，隱圈足。器物外壁口沿下陰刻弦紋兩道。通體施青綠色釉，釉面光潔勻淨，圈足內側刮釉一周。露胎處見火石紅。胎質較細膩。

匜爲仿古銅器造型。青銅匜出現於西周晚期，流行至戰國，一般與盤組成一套盥洗之器。東周之後，有的匜也作酒器使用。元明時期，部分窑場流行燒造瓷匜，這件龍泉青瓷匜造型、釉色莊重典雅，爲同類器中的上佳作品。

一九九〇年，在日本東京橋一家古玩店的橱窗，我第一次看到這隻匜，當時就讓我眼前一亮。

店主人把它取出來，没有了玻璃的隔擋，可以近距離地接觸，其釉面瑩潤如水，釉色青翠欲滴，上手掂了掂分量，和我的預期一樣，這是一隻明代永宣時期的匜，而且保存得十分完整，非常難得。

這麼好的藏品，我自然是要問一下價格了，但是當我聽到店主人的報價後，倒吸了一口冷氣。五十萬港幣的價格，遠遠高於我的預期，這個價錢在當時可以買到好幾件清代的官窑了，對於我這個剛剛獨立開店的人來説，簡直就是高不可攀。没辦法，衹能將它歸還店主人，悻悻離去。

雖然没有買到，但是這件藏品好像勾了我的魂一樣，離開之後心裏一直就惦記着它，每次看見龍泉窑的器物就會想起在日本東京橋古玩店中的這隻龍泉匜。

第二年去日本的時候，我直接就奔向了東京橋的那家店，來之前心裏其實是盤算好了，如果我好好談一談，再買一些其他的東西，讓店家多做些生意，那件龍泉匜用四十萬的價錢應該肯讓給我了吧。

但是萬萬没想到，店家把價錢開到了六十萬，而且不給討價還價的空間。不能講價就算了，竟然還漲了價錢，當時心裏肯定是不舒服的，最後没辦法，衹能空手而歸。

第三年，我再一次來到東京。那時候口袋稍稍鼓了一些，底氣也足了很多。我滿心歡喜地認爲，如果那隻匜還在的話，這次一定可以把它帶走。可是，當我走到店門口時，發現橱窗裏的匜竟然不見了。

那一刻，説不出的失落，甚至有些後悔，但又説不清那股悶氣是從哪裏來的。勉强控制住情緒，準備進去問問店主人，誰知道剛一進門，却意外地看到了熟悉的龍泉匜。

不知道是因爲一直没有賣出去，還是其他什麽原因，店主人把匜從橱窗移到了店内櫃臺裏。哇！揪的心放了下來，悶氣也瞬間消散。不管怎樣，匜還在，我就有希望。然而，希望和悶氣一樣，也是來得快去得快。

我以爲我力量壯大了，却没有想到匜的身價漲的離譜。這一次，店主人報價一百萬，感覺像被針扎了一樣，當時真的是氣不過，從來没有遇到過這樣做生意的，勉强地和店主寒暄兩句，轉身我就走了。

此後的幾年間，每次去日本，衹要時間允許我都會去東京的這家古玩店去轉一轉，去看一看這隻龍泉匜。

一九九五年我再也按捺不住了，在去日本的飛機上就暗下決心：「這次鐵了心的要將它買到，無論什麽價格我都要買回來。」

到了那家古玩店轉了一圈，發現那隻龍泉匜竟然没有了。當時的第一反應，肯定是覺得被别人買走，所以心中的那種失落真的没辦法形容。當時只有店主人的兒子在看守店鋪，我用英語問：「那隻龍泉匜已經轉讓了嗎？」他疑惑地看着我，明顯是没有聽懂。

我當時也不知道日語的「龍泉匜」該怎麽説，那個年代，不像現在有智能手機，可以隨時翻譯。情急之下，我拿起櫃臺上的紙和筆，用拙劣的繪畫功底，竟生生讓他理解了我的來意。

通過溝通纔知道，店主人已經將那隻匜珍藏存放在了家中。也許是我每年的執著感動了店主人，最後他竟然答應以幾年前的價格轉讓給我。

就這樣，這隻讓我魂牽夢縈了多年的明代永宣龍泉匜，成爲了我的珍藏。正如那句老話：有心不怕遲，衹怕有心人。

明中期

人物故事紋碗

高八・八厘米

日本東京大島古美術遞藏

圓唇，敞口，深曲腹，圈足較高。内外口沿下各裝飾一周回紋，内底心印有「高」字，碗内壁印有人物故事，並配以榜題四組，分别爲「孔子憶顔回」「真子破棋局」「李白觀永春」「昭君盡巳才」。人物印紋生動，頗有以古喻今之意。刮釉墊燒，露胎處可見火石紅。胎質較細膩。

明代龍泉東區生産此類陰印人物故事紋碗。碗分大小兩種，大者口徑約十七厘米，高約十厘米；小者口徑約十四厘米，高約八厘米。内底心的菱花形開光内常印有「寧」「高」「孜」「魁」「端」「長生不老」等文字。

同樣題材的藏品見於：一、大英博物館藏明代青釉人物故事紋碗，内壁印有「蘇大叔」「蘇秦讀古書」「六國乘相」「周氏女」。二、吉林省扶餘縣油田磚廠明墓出土的龍泉青瓷碗，内壁模印四組人物故事紋，每組配以文字點題，分别爲「孔子憶顔回」「韓信武之才」「李白功書卷」「真子破棋開」。三、上海黄浦區南市求知中學明墓出土的龍泉青釉印人物碗，内壁陰印四組仕女圖，分别配以「掬水月在手」「弄花香滿衣」「惜花春起早」「愛月夜眠遲」四句詩文。四、故宫博物院藏龍泉窑青釉印人物紋碗，内壁有「真女」「牛氏」字樣。

這類碗的生産年代應當集中於成化至弘治前後的明代中前期。碗内壁描繪題材多樣的戲劇故事，應當是明代中前期民間戲劇繁榮在人們日常用品上的反映。上海嘉定區成化戊子年（一四六八年）舉人、西安府同知宣昶夫人墓出土的一册南戲《新編劉知遠還鄉白兔記》，被推測爲成化年間刊本，是明代中前期劉知遠戲曲故事流行的直接實物證據。兩件弘治紀年墓出土的龍泉陰印碗也剛好印證了這一推測。一爲一九八二年江蘇省淮安縣東郊閘口村王鎮明弘治六年合葬墓出土龍泉青瓷八寶紋碗，外回紋、碗内印雜寶、内底心「高」字款。另外一件是同時出土的龍泉青瓷印花人物碗，碗内底印有一鹿與「寧」字款。均藏於淮安楚州博物館。

明初

刻花八方折沿盤

口徑 三六·五厘米

美國紐約 Chinese Porcelain Co.,Ltd. 遞藏

器身呈八方狀，折沿，斜直壁較淺，折收，下置圈足。通體施青釉，釉色純淨。內壁八面分別以雙綫爲界，內壁淺劃折枝花卉紋，內底斜刻折枝牡丹紋，花葉舒展，刀法流暢。外壁光素。外底露胎，呈現火石紅，可見墊燒痕。胎質較細膩。

臺北故宮博物院藏一件類似龍泉窑劃花八方盤，定爲明代十六世紀，口徑三四厘米。八方盤撇口，弧形壁，寬圈足，底面寬平。內口沿劃綫紋一道，內壁八面分別以雙綫爲界，界內各劃花牡丹紋，內底刻牡丹花一枝。外壁光素。

明 暗刻纏枝牡丹紋碗

口徑 十一厘米

法國巴黎 Christian deydier 遞藏

敞口，圓唇，深弧形壁，曲腹，圈足。外壁口緣刻兩道弦紋，弦紋下刻劃蓮花、牡丹、茶花、菊花四季花卉，足圈飾回紋。內壁刻劃花卉四朵，內底刻折枝牡丹花。內外壁圖案繁密，幾無空隙，花形舒展優美，枝葉掩仰折屈，華麗非常。碗滿施青釉。底足處刮釉一周以墊燒，澀圈旋削規整，呈現濃重的火石紅。胎質較細膩。

臺北故宮博物院藏有兩件明代劃花四季花卉碗。
一高十·三厘米，一高十·四厘米，
口徑均爲十八·五厘米。
造型、紋飾、尺寸與本件藏品近乎完全一致。
龍泉大窑楓洞岩窑址在永樂地層出土
一件相同造型與紋飾的刻花牡丹紋大碗，
高十·六厘米、口徑二一·六厘米，被定爲永樂官器。
同樣地層還出土多件內刻劃纏枝牡丹、
外刻花纏枝靈芝紋蓮子碗。

此類龍泉窑産品，表面刻花或劃花滿身，
十分美觀，製作却非常不易。
很多在景德鎮窑場可以通過釉下繪畫輕易表現的圖樣，
在龍泉窑却要以雕刻來呈現，從而滿足宮廷官樣的要求。
本件劃花四季花卉碗即是龍泉窑雕刻紋樣的極致表現，
讓使用者能欣賞到內外輝映之趣味。
如此紋樣綿密工整的雙面雕刻，
製作時長遠遠超過了普通使用的需要，
由此可見其必然是官方需求下的作品。

明 蓮瓣碗

口徑 二一·三厘米

法國巴黎 Christian deydier 遞藏

斂口，圓唇，曲腹，小圈足。
以劃花爲飾，
器外腹部以窄長條狀尖首蓮瓣紋爲飾，
僅口下兩道弦紋。
器內口沿處飾回紋一道，
底心凹下，刻六瓣葵花紋，
裏足滿釉，足內有一環形無釉墊燒區，
僅中心有釉點。

蓮瓣碗這一造型多見於南宋至元。
較早的發現有衢州市柯城區浮石鄉瓜園村南宋咸淳十年（一二七四年）
史繩祖墓出土的一件龍泉窑蓮瓣碗，
高七·八厘米，口徑十五·四厘米，現存於衢州市博物館。
麗水市三岩寺金橋頭村南宋德佑元年（一二七五年）
葉夢登妻潘氏墓出土一件龍泉窑蓮瓣碗，
高七·二厘米，口徑十七·九厘米，現存於麗水市博物館。
元代的蓮瓣碗見於一九九八年河北省保定市滿城崗頭村
元貞二年（一二九六年）張弘略墓出土的龍泉蓮瓣碗，
高八·八厘米，口徑二十·二厘米，現存於保定市滿城區文物管理所。
明初的蓮瓣碗見於一九六〇年南京市雨花臺區中華門外郎家山
宋晟母墓出土的一件龍泉窑蓮瓣碗，高九·八厘米，
口徑二一·二厘米，現存於南京市博物館。
宋晟爲明朝開國功臣，曾隨明太祖朱元璋征戰，戰功纍纍，
永樂三年封西寧侯，後追封爲寧國公。
此時蓮瓣碗的裝飾除出筋蓮瓣外，尚未出現內外刻花裝飾。
明永樂至成化弘治時期，蓮瓣碗開始在內、
外口沿下刻劃弦紋、卷草紋、回紋裝飾。
碗身內、外，碗底心也開始出現花卉及人物故事的裝飾。
這款外口緣弦紋、內口緣回紋、
底心刻劃葵花紋的明初龍泉窑蓮瓣碗存世並不多，
僅臺北故宮博物院藏有一件，高十·四厘米、口徑二一·三厘米，
造型、紋飾、尺寸與本件藏品近乎完全一致。

青磁杉
鉢

明初 敞口碗

口徑 二一·五厘米

日本東京銀座千秋庭遞藏

敞口，深腹，小圈足。
施青釉，釉色青翠，通體光素無紋。
底足刮釉一周，澀圈支燒，中心留有釉點。
露胎處呈現濃重的火石紅。
胎質較細膩。

龍泉窑的澀圈支燒工藝在元代中晚期開始出現，明代依然沿用。
與元代澀圈相比，明代的澀圈多不規整，
中心留有釉點也是明代典型特徵。
臺北故宫博物院藏有一件同樣的龍泉窑敞口無紋光素碗，
高九·二厘米、口徑二十·五厘米，
年代定爲元－明（十四至十五世紀）。
龍泉大窑楓洞岩窑址在明代早期地層出土多件龍泉窑無紋光素碗，
有侈口、有敞口、有墩式碗等。
故宫博物院也藏有類似光素無紋墩式碗、
外光素無紋内印朵花紋侈口碗。

本件敞口碗形制與明初永樂官樣蓮瓣碗相同，
雖然無刻劃紋飾，與光素大盤、
玉壺春瓶、梅瓶、執壺均爲明初永樂時官用器物，
存世稀有，並不多見。

明 永宣官器大碗

口徑 二六厘米

日本薰隆堂遞藏

碗撇口，深弧腹，圈足。
碗內、外和圈足內均施梅子青釉，
釉層較厚，釉面光潔。
外底有一圈刮釉，呈火石紅色，係墊圈墊燒部位。
外壁及內底素面。
此碗造型與景德鎮明代御窑遺址出土明永樂朝青花碗相似，
應屬於這一時期龍泉窑燒造的宮廷用瓷。

龍泉青瓷如蔚藍落日之天，遠山晚翠，湛碧平湖之水，淺草初春。
梅子青更是達到了龍泉青瓷釉色的頂峰。
梅子青採用多次施釉法，釉層比粉青更厚，
入窑後經高温强還原焰燒成，釉色瑩潤青翠，猶如青梅，故名。
梅子青是南宋龍泉窑創製的傑出青釉品種。
中國科學院上海硅酸鹽研究所對「梅子青」胎釉測試結果表明，
胎土內摻有適量的紫金土，降低胎的白度，成爲灰白色，
並採用石灰碱釉多次施釉法，使釉層厚而不流，
釉面光澤柔和，燒成温度提高到 1250—1280℃，
在强還原氣氛下燒成，呈色青翠滋潤。
梅子青品種在南宋一朝燒造，存世極少。
明代永樂時期宮廷使用的龍泉窑瓷器達到梅子青釉色的更爲稀少。

北京故宮博物院藏有類似梅子青釉內外光素無紋碗一件，
口徑十七·三厘米，而本件梅子青釉撇口碗口徑達到二六厘米。
北京故宮博物院同類永樂龍泉光素器物還有直徑三九·八厘米、
直徑四三·五厘米及直徑六八·七厘米敞口盤各一件。
北京故宮博物院另有明初光素菱花式折沿盤兩件，
玉壺春瓶、梅瓶、執壺各一件，
均爲永樂時官用器物，存世稀有。

明初 刻印花碗

口徑 十六・五厘米

香港藏家沈先生遞藏

侈口，曲腹，下置圈足。

通體施青釉，內底刻劃折枝牡丹紋，內壁刻劃蓮花、牡丹、茶花、菊花等纏枝四季花卉四朵。枝葉舒展，錯落有致，內外壁口沿刻卷草紋，外壁下腹部刻八瓣寬仰蓮紋，刀法流暢、自然。墊燒，底部刮釉一周形成澀圈，中心留有釉點。露胎處呈現濃重的火石紅。胎質較細膩。

北京市永定門外琉璃井出土一件元代龍泉窑青釉刻雲鶴紋碗，
高六．七厘米、口徑十六．七厘米，現藏於首都博物館。
碗內、外壁口沿下刻劃卷草紋，內壁刻劃對稱飛鶴紋，
外壁下腹近足處刻劃寬仰蓮紋，與此碗形制相同。
新安沉船出水一件龍泉窑青釉刻纏枝花卉紋盤，
高三．六厘米、口徑十六．一厘米，
現存於大韓民國國立中央博物館。
盤通體施青釉，刻「使司帥府公用」，
內底刻劃朵蓮紋，內壁刻劃纏枝花卉紋，
外壁刻劃八瓣仰蓮紋，裹足墊燒，
外底澀胎無釉。
其造型與紋飾與本件纏枝花卉碗近乎一致。
「使司帥府」是「宣慰使司都元帥府」的簡稱，
屬於元代行省之下的重要軍政機關，
掌統轄區內軍民之務。
《資治通鑑》卷一九四記載：
「大德六年（一三〇二年）冬十月甲子
改浙東道宣慰使司都元帥府徙治慶元。」
可見「使司帥府公用」類型產品的製造時間應該是在大德六年前後。
大德是元成宗孛兒只斤．鐵穆耳的年號，
在位期間停止對外戰爭，
罷征日本、安南，全力整頓國內軍政。
採取限制諸王勢力、減免部分賦稅、新編律令等措施，
使社會矛盾以及對外戰爭暫時有所緩和，
由此纔出現了元代更爲繁榮的海外貿易。
學者分析新安沉船的時間大概在一三二三年前後，
是從中國慶元（寧波）出發前往日本福岡的國際貿易商船，
途中因臺風等原因，最終沉沒在高麗的新安外方海域。

本件龍泉窑青釉纏枝花卉紋碗做工精美，
刻劃花卉清晰，釉色肥潤青翠，
質量超過新安沉船出水的同款產品，
是明初龍泉窑的精品。

在我的衆多龍泉瓷藏品中，這隻碗不是最漂亮的，但它却是我此生永遠會珍藏的，因爲是它，讓我愛上龍泉，是我與龍泉結緣的伊始。

一九八三年，在香港一位藏家處，首次見到這隻龍泉碗。造型爲撇口，深弧腹，圈足，通體施青釉，色澤如碧玉般可愛，碗内、外皆有刻花裝飾，且刻工精細。於是，我生平第一次對龍泉瓷器有了感覺：爲何龍泉瓷器居然有那麽精工的美品？我不敢問價格，一來不願奪人所愛，二來自知銀兩有限。我知道它的價值不是我所能承受的。或許是我的真愛打動了那位藏家，就在我愛不釋手地欣賞這件藏品時，他竟然主動提出將此碗轉讓給我，並且慷慨到幾乎是贈送的價格。

這隻碗，開啓了我的龍泉之旅，從此一發不可收拾。入行不久的我，學歷不高的我，開始有意識地收集龍泉瓷器的信息，請教師父、翻閲書籍、聽旁人聊天、參觀各大博物館，甚至在拍賣會的預展中留意日本人的表情。爲什麽要觀察他們的表情呢？因爲當時完全不懂日語，根本不知道他們説什麽，所以衹能靠察言觀色來猜測。

之前我不理解日本人爲何如此青睞龍泉，直到真真切切將這碗捧在手中，纔隱約有了一絲體會，那是一種來自心底的安寧。夜深人静時，在柔和的燈光下與它對視，没有粉彩瓷的花哨，没有青花瓷的艷麗，一色的青翠看似簡單質樸，但依稀可見的刻花却透出骨子裏的精緻。這樣的美，不是奪目，而是淡泊，衹有静下心來，遠離喧囂、遠離世俗，纔可以感受得到。

我從書中得知，龍泉窑主要位于浙江省西南部，是順着一條叫「甌江」的河流分布的，於是，心裏無數次憧憬，有一天，我能沿甌江而行，親眼去看看那上千年的窑場。可是，二十世紀八十年代，香港和内陸的往來不比今天這樣順暢方便，雖然我心已遠，但身却難動。這一盼，就將近二十年。

二〇〇一年，我在北京大學考古文博學院學習的第二年，終於得償所願，在權奎山老師的帶領下，我和同學一起去龍泉窑遺址實地學習。於我的同學而言，那是一次實踐，於我而言，更像是圓夢。多少年來，甌江、龍泉窑遺址，就好像我心中的一方聖地，總算是等到朝聖之期了。

我們去的是龍泉鎮的龍泉大窑，據權老師講，那裏大大小小的山中有大約一百六十多處龍泉窑遺址。在田野考古中，瓷窑址發掘一般採用縱向發掘法發掘堆積層，堆積層内含有大量瓷片，這些瓷片就是研究窑址使用時代、沿用時間，及各期燒成品的特點、種類、風格的重要依據資料。我們此行的學習任務就是發掘和清理地層中的瓷片。

我們所在的發掘現場離縣城幾十公里，考古隊員們居住在附近的一處文物看護房裏，所有的飲食都需要從幾十公里以外運輸進來。我們這批學生去了以後，原本就不寬敞的看護房顯得更加擁擠，一張通鋪要睡下十幾人。正值夏天，天氣悶熱不説，白天有躲不開的蒼蠅，晚上要留心蝎子、蜘蛛。最難對付的是蚊子，不分晝夜地持久戰。然而這些，還都可以堅持，最致命的，是我無法控制的一件事。

十幾歲時，我做了一次手術，從此，消化系統變得異常脆弱，所以，對於飲食衛生的要求格外高，稍有不妥就會引發腸胃疾病。爲了不掉隊，爲了能和大家一起工作，我祇能吃餅乾，實在饞了，吃一口蔬菜或者水菓，都會擔心一整天。有時候，餅乾没有了，負責採買的工作人員又不去縣城，我就衹能餓着。從小到大，我第一次嘗到饑餓的滋味，半夜裏，看着成群的蚊子在我們身上加餐，真是又恨又羡慕。一個多月學習期滿，除了學到知識，還成功減肥。

去窑址之前，我看到的都是成品，衹知道根據釉色、造型、修足等等情況來判斷一件瓷器的品相、年代、價值。短短一個多月，那些深埋於不同地層的瓷片，讓我對龍泉窑的裝燒、裝飾、胎釉處理方法等等諸多製作工藝有了焕然一新的認識。上百米長的龍窑令我震撼，古代匠師們就是在那樣艱苦的條件下，用智慧、用辛苦，用不厭其煩的嘗試，創造出一窑又一窑的瓷器。

今天我們看到的每一件瓷器，都經歷了拉坯、施釉、入窑、高温的淬煉，而後的幾百年、上千年，它們以頑强的生命力在買賣、戰火，乃至家庭紛爭中存活下來。它們是幸運的，但更幸運的，是我們。

時至今日，距離跟隨權老師去遺址學習已有二十年。這二十年間，每隔兩三年，我都要重新游歷一遍龍泉窑址，每次歸來，我都會有新的收獲。如今，我再次捧出這隻碗，看到的已經不僅是釉色、刻工，而是一段歷史，一座龍窑，一條蜿蜒的甌江。

我與權奎山老師在龍泉窑遺址

明 永樂官器大盤

口徑 五五·五厘米

日本壺中居遞藏

盤敞口，淺弧腹，圈足。
全器光素，盤內、外和圈足內均施青釉，
釉層肥腴，釉色青碧光潤。
外底有一澀圈，露胎呈火石紅色，係墊餅墊燒處。
胎質較細膩。
從工藝和造型上看，
此盤應屬明代永樂時期，
龍泉窑依照宫廷出樣燒造的宫廷用瓷。

壺中居（KOCHUKYO），
一九二四年由日本近代知名收藏鑒賞家
廣田松繁與西山保於東京千代田區淡路町創業。
其後於一九二七年移店至日本橋三丁目現店鋪所在地。
壺中居主要經營以中國、
韓國及日本爲主的東洋美術品，以陶瓷器居多。
經過近百年的經營，壺中居因其商品品質優異，
誠信爲本，在日本古美術商之中堪稱翹楚。

故宮博物院藏有兩件此類大盤，
口徑一爲五九厘米，一爲六三·五厘米。
浙江省博物館有一件同樣器物，口徑六八·七厘米。
臺北故宮博物院有一件龍泉窑青釉素面大盤，口徑五七·七厘米。

關於龍泉官窑，《大明會典》有明確記載：
「洪武二十六年定：凡燒造供用器皿等物，須要定奪樣制，
計算人工物料。如果數多，起取人匠赴京置窑興工。
或數少，行移饒、處等府燒造。」
從這則文獻可知，
龍泉窑在明初與景德鎮並列被定爲供給宮廷瓷器的兩處窑場之一，
黄衛文先生在《清宮舊藏明代龍泉窑青瓷研究》中提到，
根據《故宮物品點查報告》的原始記録，
古董房中存放的多件明龍泉窑青瓷大盤
與舊藏景德鎮洪武官窑青花釉裏紅大盤放在同一木架上，
咸福宮、壽康宮兩處庫房内的龍泉大盤，
則與多件宣德青花大盤存放在一起，

這些龍泉瓷器與景德鎮瓷器工藝特徵接近，
且都基本未見使用痕迹，
説明二者應是在同一時期在兩處窑場生産，
且其進入宮廷的時間也比較接近。
這也説明在宮廷中，龍泉青瓷和景德鎮青花瓷同等重要。
根據黄先生的分析，清宮舊藏明龍泉青瓷製作的具體時間，
大致在明初洪武年間至天順末年，
其中以洪武、永樂、宣德三朝爲盛。

明 永樂官器

刻花菱口折沿大盤

口徑 六二・五厘米

香港蘇富比拍賣會

盤呈菱花式，敞口，平折沿，淺弧腹，圈足。
全器施青釉，刻花卉紋，盤內刻纏枝蓮，
壁刻雜寶，折沿處刻卷草雲紋，盤外壁刻一圈蓮花。
大盤通體釉層肥腴，釉色青碧光潤。
外底有一澀圈，露胎呈火石紅色，係墊餅墊燒處。
胎質較細膩。從工藝和造型上看，
此盤應屬明代永樂時期龍泉窑依照宫廷出樣燒造的宫廷用瓷。

青瓷草模
大

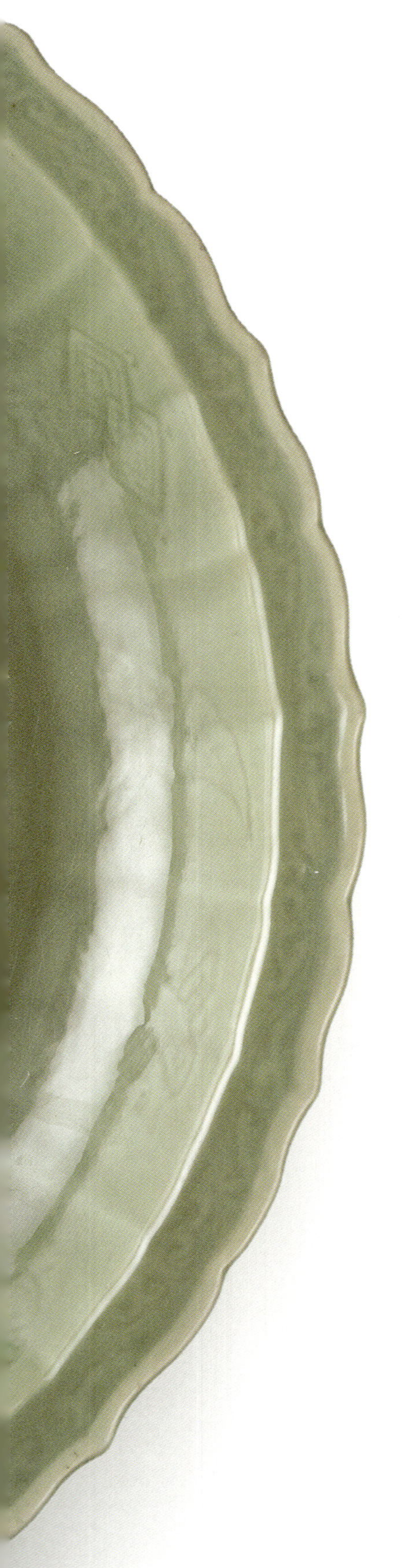

龍泉大窑楓洞岩窑址出土一件同尺寸青釉刻花牡丹紋菱口折沿盤，
口徑六三·四厘米，定爲永樂時期官器。
同區域出土一件青釉刻劃枇杷紋菱花式折沿盤，
尺寸略小，口徑約五五厘米，定爲永樂時官器。
故宫博物院藏有一件青釉刻劃折枝枇杷紋菱花式折沿盤，
口徑爲四七厘米，紋飾清晰，釉水極好，爲永樂官器。
另一件小號青釉刻花荷蓮紋菱花式折沿盤，
釉色略差呈青灰色，口徑約四一·六厘米，
也出土於龍泉大窑楓洞岩窑址，被定爲永樂官器。

根據考古材料和清宫舊藏龍泉窑統計，
所見洪武時期的菱口折沿盤，器形較大，
大小相若，口徑多在四十厘米左右。
沿面寬多爲三厘米左右，瓜棱腹，多數外底心内凹，
口沿内外刻劃卷草紋、回紋、水波紋等。
内壁刻成菊瓣狀，菊瓣中有的刻劃多組花卉紋，
外壁呈菊瓣狀凸出，有的也刻劃多組花卉，
内底刻劃花，紋飾繁縟，題材廣泛，
主要有荷花、芙蓉、牡丹、菊花、松竹梅等紋。
永樂時期的菱口折沿盤，口徑大小差異很大，
最大的可達六十多厘米，如本件藏品，小的僅有三十厘米左右。
相比之下，永樂時期的折沿盤不論大小，
盤面較洪武時期要窄，多爲一·五厘米左右。
永樂時期折沿盤的紋飾與洪武時期雷同，
釉色則更爲青碧光潤。

明 永樂官器

菊瓣紋菱口折沿盤

口徑 六二厘米

日本壺中居遞藏

盤呈菱花式，敞口，平折沿，淺弧腹，圈足。全器光素，盤內、外和圈足内均施青釉，釉層肥腴，釉色青碧光潤。外底有一澀圈，露胎呈火石紅色，係墊餅墊燒處。胎質較細膩。從工藝和造型上看，此盤應屬明代永樂時期龍泉窑依照宫廷出樣燒造的官廷用瓷。

故宮博物院藏有兩件此類大盤，
口徑一爲六二厘米，一爲六二．五厘米。
如此碩大的永樂官窑青釉素面菱花式折沿盤，
在宮中究竟存量多少，作何事用？
《左傳．成公．成公十三年》裏劉康公説：國之大事，在祀與戎。
明代龍泉官窑也有此兩種用途，一作國運祭器，二作邦交賜器。

《大明會典》卷二〇一「器用條」記載：
「凡祭祀器皿，洪武元年，
今太廟器皿易以金造……二年定，祭器皆用瓷。」
《大明會典》卷八二「圜丘條」又記載：
「大明…青瓷爵三……星辰……青瓷爵三。」

很顯然，青瓷在明朝用於國事祭天。
《明史》記載，洪武十六年（一三八三年）曾贈送占城、
暹羅和真臘瓷器各一萬九千件，
十九年又遣人偕同中官賫瓷器往賜真臘。
今在土耳其托普卡比宮中既能見到元代的龍泉窑瓷器，
還可見到明代官窑大盤與墩碗若干。
結合永樂下西洋的歷史，
龍泉官窑大盤確有朝貢貿易及賞賜用途的記載，
而大盤更能彰顯國威。

故宮博物院現藏各式瓷器約三七．七萬件，
北宋至清代不同時期的龍泉窑青瓷共計約一六〇〇餘件。
其中年代定爲明代的清宮舊藏龍泉窑青瓷衹有二一一件，
有盤一〇七件，口徑小於三十厘米的盤爲六件，
口徑在三十至五十厘米之間的有九二件，
口徑超五十厘米的只有九件。
由此可見尺寸達到六二厘米的龍泉永樂官器折沿大盤彌足珍貴。

明早中期

菱口露胎貼塑雙魚紋盆

口徑 三一厘米

美國紐約 Chinese Porcelain Co.,Ltd. 遞藏

菱口，折沿上翹，直弧壁，
深腹，下腹圓曲内收，圈足。
器物内外採用刻劃花裝飾，
外壁刻折扇紋及卷草紋，内底淺刻水波紋。
器物内底露胎貼塑兩隻魚紋。
通體施青釉，釉色瑩潤，光澤度好。
外底刮釉一周，形成不規則澀圈，
露胎處呈現濃重的火石紅。胎質較細膩。

龍泉大窑楓洞岩窑址出土一件
被定爲洪武官器的青釉刻花海濤四魚紋八瓣葵口洗，
口徑三一厘米、高八·二厘米，内壁刻劃海水波濤紋，
内底刻劃四魚紋飾，爲同類型産品。
故宫博物院藏有一件被定爲明早中期
宫廷用瓷的青釉刻劃纏枝花卉紋折沿洗與本品頗爲相似，
口徑三二厘米、高九·三厘米，
雖不是菱花口，但洗内海水波浪紋、
外底澀圈墊燒之樣式極其一致。
龍泉大窑楓洞岩窑址還出土一件
定爲永樂官器的刻花海水波濤雙魚紋卷沿洗，
口徑二七厘米、高七·四厘米，内壁刻劃海濤紋，
内底刻劃海濤雙魚紋，外腹刻弦紋，
下腹刻蓮瓣紋，外底刻有「官」字。
「官」字款更印證了此類器物的特别之處。

本品與上述三件龍泉青釉洗規格、形制、
紋飾一脉相承，且造型精細、釉色光潔，或被用作筆洗。
用此洗之時，宛如元代詩詞中所寫：
「碧波深不寄魚箋，翠衾寒猶帶龍涎。」

明 釋迦牟尼坐像

高 十八厘米

日本東京大島古美術遞藏

佛像結跏趺坐，身形端正，頭上作螺形高肉髻，慈眉善目，嘴角微揚，怡然自得，清靜莊嚴。身披袈裟，雙手於身前結禪定印。面部、胸部、手部爲素胎，餘處均施青釉，釉層較厚。

釋迦牟尼，原名喬達摩．悉達多。釋迦牟尼是信徒對他的尊稱，意爲釋迦族的聖人。相傳其爲古印度北部迦毗羅衛國淨飯王太子，生活在約公元前五六五至前四八五年間。他有感於人世生、老、病、死各種苦惱，決心爲世人找到解脱方法，於是捨棄繼承王位的太子之位，出家修行，最終覺悟，創立了佛教。因此又被人們尊稱爲佛祖、佛陀。

跏趺坐爲佛教中修禪者坐法，許多佛陀坐像、菩薩坐像，皆爲此種坐姿，即將右脚盤放於左腿之上，再將左脚盤放於右腿之上。在佛教造像藝術中，手印是表記和象徵，直指諸佛、菩薩心靈妙明之境，是玄奥的精神映照。修行者可以通過結手印來感受佛、菩薩的力量。因此，手印是佛教造像藝術極爲重要的元素。

禪定印，是比較常見的一種手印，一般處於禪定中的佛都使用這一手印，代表着冥想和入定的狀態，令人內心安寧，忘却一切塵世紛擾，是一種超脱生死、涅槃寂靜的體現。禪定印姿勢爲：兩手舒展五指，兩拇指指尖相接，左掌疊在右掌之下。因古印度人認爲右手清淨，左手不淨，故而以右手壓左手，意爲「以清淨壓不淨」。除禪定印外，還有施無畏印、轉法輪印、觸地印、施願印以及智拳印較爲常見。

在佛教諸多文獻中，都曾提到「肉髻」。肉髻實爲骨肉隆起，形狀似髻，故稱肉髻，亦稱肉髻相、頂髻、佛頂、頂髻相、頂肉髻相等等，是佛三十二相之一，乃尊貴之相。據《中阿含經》卷十一之《三十二相經》載：「大人頂上有肉髻團圓相，稱爲髮螺右旋，此係大人之相。」

誠然，並非每一尊佛祖造像皆爲此種螺髮。因爲肉髻不是佛祖本身相貌，而是後世爲顯示其佛相莊嚴而進行的藝術加工。例如：在四五世紀的雕塑和壁畫上，佛像頭部一般不表現頭髮紋路，肉髻也是光滑如球狀，俗稱磨光肉髻。與磨光髮式大致同時期出現的，還有刻劃髮紋的髮式，如束髮形、水波紋形、渦卷形等等。曾有佛教界人士解釋過這一現象：「佛像是一種象徵，塑像乃由人所設計。各地所造之佛像形象各有不同，不同時代所造的佛像亦各具特色。」

公元一世紀，佛教傳入中國，佛像藝術亦隨之而來。佛教在中國落地生根，與道家、儒家等思想融爲一體，成爲中國傳統文化的組成部分，影響了古代中國的政治、文化、文學、藝術等諸多領域。

所謂「相由心生」，佛造像隨着歷史演變、文化交流、思想情感、風俗習慣等因素而不斷地融合與發展，表現形式千差萬別，但其所內蕴的思想與智慧將始終給予世人一份寧靜和安逸。

明 彌勒佛

高 十五・五厘米

法國巴黎 Christian deydier 遞藏

塑像笑容可掬，大腹光頭，
跣足屈膝，神態悠閑；
一手拿念珠、一手按布袋。
頭部、胸部、手足皆露胎，其餘施青釉，
凝潤如脂，胸部澀胎無釉呈赭紅色，
赭紅與翠青兩相對比襯托，
相映生輝，精美絶倫。
造像中空，背部有一孔，
爲透氣之用。

彌勒佛是漢傳佛教中常見的一種造像形式，
在中原地區流傳甚廣，爲慈悲福分之象徵。
此布袋和尚爲彌勒佛化身，是依照五代時期僧人契此的形象塑造。
契此和尚圓寂前，曾留下偈頌
「彌勒真彌勒，化身千百億，時時示世人，世人自不識」，
因此被中國地方僧人認定爲是彌勒菩薩的化身，
此後彌勒菩薩的塑像便經常被塑成和藹慈祥、
滿面笑容、豁達大度、袒胸露腹的慈愛形象，
常被中國人稱爲「笑佛」「歡喜佛」「大肚彌勒佛」。

明中期

雕塑佛龕

高 二六・八厘米

法國巴黎 Christian deydier 遞藏

此佛龕拱形頂，上以蓮花托一「佛」字，
龕眉貼塑如意祥雲。
龕左側貼塑有綬帶鳥。
龕内觀音結跏趺坐於蓮座之上，頭戴寶冠，
雙目微閉，面帶笑容，神態安詳端莊。
身披袈裟，胸佩瓔珞，綫條舒展流暢。
觀音下方有善財童子和龍女侍立兩側。
底層爲海水波濤。
從整體布局看，觀音身居上方，給人以神聖、敬畏之感。
觀音爲瓷胎，呈褚紅色，
其餘部分均施青釉，色澤青翠晶瑩。
褚紅色與青色形成强烈反差，使作品頗具立體感。

佛龕，乃供奉佛像、神位的小閣子。
龕，原指掘鑿岩崖爲空，以安置佛像之所。
佛教傳入中國後，在雲岡、龍門、
敦煌等石窟中均可見到四壁皆穿鑿衆佛菩薩之龕室。
後世又出現了以石、木、金等其他材質所做橱子形小閣，
並設門扉，供奉佛像，稱爲佛龕。

明 送子觀音
坐獅塑像一對

高 十九厘米

英國倫敦蘇富比拍賣會

觀音身披袈裟坐於金狁之上，法相飽滿莊嚴，頭挽髮髻，面頰豐滿，眉眼細長，神態怡然。懷抱的小童乖巧可愛。從造型看，端莊大方且生動活潑。釉色青翠，釉層瑩潤華滋，堪稱龍泉窑精品瓷塑。

瓷塑是龍泉窑的一類重要產品。龍泉大窑楓洞岩窑址曾經出土佛像、仕女、童子等塑像。元明時期，龍泉窑佛道人物塑像更爲盛行。

觀音菩薩是最爲人們熟知的一位菩薩，當衆生遭遇苦難時，祇要稱念其名號，他便循聲救苦，讓世人得以從苦厄中解脱。觀音菩薩以拔除一切有情的苦難爲其本願，以大悲顯現，是慈悲的象徵。佛教中，觀音菩薩爲西方三聖之一，是未來佛阿彌陀佛的左脅侍，阿彌陀佛涅槃之後，觀音菩薩將遞補爲佛。觀音菩薩有多種化身，形象千變萬化，其中以楊柳觀音、龍頭觀音、持經觀音、圓光觀音、水月觀音、魚籃觀音和灑水觀音等較爲常見。

在第二十五品《觀世音菩薩普門品》中，有這樣一段經文：「若有女人設欲求男，禮拜供養觀世音菩薩，便生福德智慧之男；設欲求女，便生端正有相之女。」依據此段經文，中國民間創造出了「送子觀音」，最爲常見的是觀音懷抱一名嬰孩，也有觀音雙手合十，身邊站立一名男童。之所以創造「送子觀音」這一神祇，首先是受儒家思想影響。例如，儒家經典代表作《孟子》在《離婁章上》有「不孝有三，無後爲大」一句。在那個以延續家族香火爲主導思想的社會，人們無法接受没有子嗣，因此，人們創造出「送子觀音」，讓膝下無子的夫妻叩拜，給他們希望。再者，儒家另一部經典《春秋公羊傳》在《隱公元年》有「桓何以貴？母貴也。母貴則子何以貴？子以母貴，母以子貴」的段落。由此，人們認爲養兒可以防老，兒子升官發財，父母也能得享富貴。於是，「送子觀音」便成爲天下母親祈請保佑早生貴子的主要神靈。

明 人物塑像

高二五・五厘米

日本薰隆堂遞藏

人物開臉端莊温和，眼睛細長，口部微張，嘴角上翹，可謂標準眉開眼笑。左側獅子，眼神乖萌，嘴巴微張，一爪拉拽主人的衣袖，似乎眼饞籃中壽桃，表情憨態可掬。獅子的鼻、目等處因塑有孔洞，呈現出黑色，更顯栩栩如生。

釉質凝厚，玻璃質感强，
在衣紋等聚釉處，尤爲飽滿潤澤。
雖爲厚釉，但人物髮絲、獅子毛髮等細微之處，
却格外清晰，絲絲可見。
在底座、人物面部、紐扣等處採用露胎裝飾，
呈朱紅色，與青緑釉色形成反差，使作品更具立體感。
瓷塑中，人物、動物的牙齒、舌頭等細節極易破損，
然此作品完整無缺，實屬難得。

明 魁星踢斗形硯滴

高 十三・五厘米

日本神户藏家遞藏

魁星踢斗形硯滴，
整個造型構思由「魁」這一字的字形展開：
一個青面獠牙，頭上長角的如鬼神靈右手執筆，
左手握斗，一脚外踢，另一脚踩於如意雲頭之上，
好似騰雲駕霧，從天而降。
做工精巧細緻，形象生動，情趣橫生。

魁星爲北斗星之一，科舉時代就以魁字取象，
塑造鬼舉筆、足踢斗之形，
所踢之斗即爲古代裝書的木斗。

魁星連續三次考狀元都未中，原因就在他相貌極丑。
魁星一怒之下將裝書的木斗踢掉，投江而死。
魁星雖未高中，但民間百姓却仰慕其才華，
將他塑造爲神，借「魁星踢斗」之題，
以求科舉高中，文運昌達。

明 猴形香薰

高 十九厘米

日本薰隆堂遞藏

本件香薰爲獸形爐之屬，整器分爲蓋與身兩部分，蓋體部分爲猴紐雕塑，面目生動，呈蹲坐狀，雙手捧桃置於膝上，姿態恭謹，全身刮劃出的毛髮紋路細膩，惟妙惟肖。器身部分爲正八角形，八壁外模印八卦紋，爲裝置香料的空間，香氣可從猴紐下方正對三角形缺口處飄散而出。造型栩栩如生。整器通體施青釉，釉色葱綠。器蓋與器身底面均露胎，局部有露胎火石紅。胎質較細膩。

龍泉窑中的仿生造型器物頗具獨特性，其外觀設計從大自然中獲取靈感，以藝術將其重新演繹，結合時代特色文化元素兼具功能性，既美觀又有實用價值，品種多樣，設計巧妙。本件香薰造型爲靈猴捧桃獻壽，意在祝福壽長延年與吉祥，構思巧妙，製作精良，既可拿來作薰香之用，亦可陳設作觀賞器。

明 童子擊鼓雕塑

高七·五厘米

日本薰隆堂遞藏

圍欄内，兩名童子背對背擡着鼓，一名鼓手正竭力敲擊，頗有「我今擊鼓一聲高徹天，擊鼓二聲深徹泉」的氣勢。三人神采飛揚，眉歡眼笑，喜慶氛圍由然而生。童子面部爲澀胎，露出赭褐色胎土，其餘均施青釉。青釉與澀胎相映成趣，古樸自然，風格獨具。

龍泉窑是宋元時期南方著名青瓷窑場，窑址分布於浙江龍泉縣金村、大窑、溪口、麗水等地。根據歷次考古發掘所得資料，可知龍泉窑創燒於北宋，興於南宋，元代有較大發展，明代中期以後衰落。龍泉窑瓷塑始於南宋，可惜流傳至今已爲數不多。

明中期

亭臺樓閣雕塑

高 三二厘米

日本薰隆堂遞藏

該器造型細緻而繁雜，大體分三層，除最底層僅有洞石外，其餘兩層均雕有山亭、人物、樓閣，且人物造型豐富，亭閣變化多端，山石若隱若現，視角不同，景物亦有別，頗有「高城斷處閣橫空，目力雖窮興未窮」之感。

通體施青釉，釉色蒼翠，釉層透亮瑩潤。器底露胎。胎質較細膩。

目前可知的我國最早瓷雕塑像見於東漢時期。三國至西晉時期，瓷雕塑像已頗有神韵，如著名的青瓷羊、蛙形水盂等。

唐代時，雕塑藝術發展迅猛，唐三彩品類繁多，且形神兼備，將陶瓷雕塑藝術推向高潮。宋代百花齊放，南方吉州窑、龍泉窑、景德鎮窑，北方磁州窑、定窑、耀州窑均有佳作出現。如佛像、觀音像、道士像、童子誦經壺、孩兒枕等等。明代中期以後，龍泉窑十分流行雕塑類器物，比如各類佛儒道造像，以及仿生文玩、香具等等。

第二号
青色

明 松竹梅紋罐

高 三十厘米

日本東京 Ogawa 遞藏

圓唇，矮頸，豐肩，下腹漸收，近底處微外撇。通體施青釉，釉色青翠、光亮。通體印花，分層裝飾，口沿飾回紋，肩部印一周勾連雲紋，其下印石榴紋、梅花紋、喜鵲等，下腹部印梅花紋中間以弦紋相隔，近足處飾一周蓮瓣紋，紋飾清晰、規整。足端刮釉墊燒。胎質較細膩。

明 官器刻花玉壺春瓶

高 三四厘米

日本東京 Ogawa 遞藏

侈口，圓唇，束頸，曲腹，下置圈足。
通體施翠青釉，釉色瑩潤。
通體分層裝飾，頸部刻蕉葉紋，下飾一周回紋，
腹部刻兩層纏枝蓮紋，近足處刻一周仰蓮紋，
圈足外刻一周連續回紋，
紋飾繁縟，主次分明，刀法流暢，
其紋飾題材與布局與同時期景德鎮窑官窑青花瓷一致。
足端刮釉墊燒，露胎處呈現濃重的火石紅。
胎質較細膩。

馬衡先生在《中國金石學概論》考證：「壺之字象器形，《殷墟書契》（卷五第五頁）小篆作妻，上走象蓋，下象耳腹之形。」玉壺春瓶最初是一種盛酒的禮器，源自於青銅器中的壺，以壺的樣式出現。宋代逐漸定型成爲一種斟酒器具。元代玉壺春瓶盛酒、斟酒的實用功能仍保留着。明代仇英《清明上河圖》的酒肆中仍然可以看到玉壺春瓶的身影。清代以後逐漸演變爲觀賞性的陳設瓷。清宮檔案載，在儲秀宮東次間紫檀周花炕几上，原設有「附木座的乾隆青花三友圖玉壺春瓶一對」。清末大理院少卿、民國時期的北京西城區培育中學校長趙汝珍在《古玩指南》中曾論玉壺春瓶：「壺非如今日之壺，乃今之瓶也。大肚，有肩，口底均小於肚，無流，無執攀，方圓均有，大小亦異。」

故宮博物院藏有明代龍泉窑玉壺春瓶四件。一件爲洪武青釉刻劃纏枝牡丹紋玉壺春瓶，高三四·五厘米。一件爲明早期光素青釉玉壺春瓶，高三三·五厘米，來源爲故宮原古物陳列所展示的承德避暑山莊和沈陽奉天故宮的原藏文物。一件青釉刻劃花纏枝石榴紋玉壺春瓶，高三四·四厘米。另一件青釉刻劃纏枝花卉紋玉壺春瓶，高三三·五厘米。根據《故宮物品點查報告》，一九二五年清點清宮舊藏時，兩件刻劃花玉壺春瓶同存放於故宮茶庫。臺北故宮博物院藏有十一件明代龍泉青釉玉壺春瓶，其中兩件青釉光素玉壺春瓶，一高三〇·五厘米，一高三三·五厘米。六件青釉刻花花卉玉壺春瓶，高從三三·五至三四·一厘米不等。一件刻花葡萄紋玉壺春瓶，高三三·九厘米。一件青釉刻花石榴紋玉壺春瓶，高三三·九厘米。一件青釉剔地拱花花卉玉壺春瓶，高三三·六厘米，年代定爲十五世紀後期。 通過兩岸故宮的明代龍泉窑玉壺春瓶的比對，本件青釉刻纏枝花卉紋玉壺春瓶正是明代初年的宮廷用瓷無疑。

276
277

明 永樂官器梅瓶

高 三九・八厘米

日本東京 Ogawa 遞藏

直口，束頸，豐肩，下腹漸收，
近底處微外撇，下挖圈足。
通體施梅子青釉，釉色青翠欲滴，
如碧綠的湖水，勻淨、光亮，屬同時期上等釉色。
通體無飾，光素無痕。
該梅瓶造型優美，是明初龍泉窑生產的官器。

明代早期，浙江處州龍泉窑與江西饒州浮梁縣景德鎮窑，
同時作爲擔負宮廷燒製任務的窑場。

《大明會典》卷一九四「陶器」條記載：
「洪武二十六年定：凡燒造供用器皿等物，
須要定奪制樣，計算人工物料。
如果數多，起取人匠赴京，置窑興工，或數少，行移饒、處等府燒造。」
近年龍泉大窑楓洞岩窑址出土了明代洪武和永樂兩朝的官器。
龍泉官器與民用或外銷瓷具有明顯區別。

龍泉青瓷在明代可分爲三個階段，
第一階段爲明洪武二十六年至宣德年間，
第二階段爲正統年間至成化元年，
第三階段爲成化年間直至明末。

在第一階段，龍泉青瓷的地位較之元代迅速提升，
地位幾與景德鎮御窑場相類，
龍泉與景德鎮被並列定爲供給宮廷瓷器的兩處窑場。
二〇〇六年至二〇〇七年間，浙江省文物考古研究所等單位
對浙江龍泉大窑楓洞岩窑址進行了考古發掘，
出土了大量龍泉青瓷，經學者研究，
洪武、永樂地層中出土的龍泉青瓷多爲明代官器，

其器形可與部分清宮舊藏龍泉青瓷傳世品相對應，
部分紋飾與同時期景德鎮窑場爲宮廷所産瓷器的紋飾相同，
這説明了兩地窑場在當時接受宮廷頒布的同一瓷樣進行生産，
也説明了兩處窑場供給宮廷的産品在地位上幾乎是同等重要的。
在第二階段，龍泉青瓷雖仍有産品供給宮廷，但是已經量少勢微。
在第三階段，龍泉青瓷幾乎斷供於宮廷。

《明憲宗實録》記載：
「成化元年大赦天下……江西饒州府、浙江處州府，
見差內官在彼燒造磁器，詔書到日，
除已燒完者照數起解，未完者悉皆停止。
差委官員即便回京，違者罪之。」
明英宗去世，憲宗成化皇帝大赦天下，因此停饒州、處州之燒造，
也就是自從這道詔書之後，
相關文獻中再未見龍泉青瓷供給宮廷的記載，
考古發掘資料中也未見此後與宮廷相關的龍泉青瓷出土。

傳世明代龍泉梅瓶實物，
主要見於兩岸故宮和土耳其的托普卡比宮等處。
故宮博物院藏有九件明代龍泉窑梅瓶，
其中僅有一件明早期龍泉窑青釉光素帶圓珠紐蓋梅瓶，
通高四三·五厘米。

臺北故宮博物院藏有十餘件明代龍泉窑青釉梅瓶，
其中有一件明早期青釉光素帶圓珠紐蓋梅瓶，
通高高四三·五厘米。
另一件無蓋明早期青釉光素梅瓶，高三九厘米。
從收藏地來看，
也能説明這類梅瓶的性質不是普通的民用産品，
而應是宮廷用瓷。

龍泉大窑楓洞岩早期地層出土一件帶蓋青釉光素梅瓶，
並多件梅瓶殘片，
高約三九厘米，被定爲永樂官器。
本件明龍泉窑青釉梅瓶與龍泉大窑楓洞岩窑址出土一致，
是永樂時期的龍泉官器無疑。

明

刻纏枝牡丹紋蓋罐

高 十七·一厘米

日本横濱藏家遞藏

此罐蓋頂隆起，邊緣寬平，刻花卉紋。

罐身爲短直頸，圓鼓腹，脛部斜收，足略微外撇。

罐腹刻纏枝牡丹，大花大葉，粗獷豪放。

近底足裝飾一周蓮瓣紋。

器物通體施青緑色釉，刻劃綫條處積釉較深，花紋圖案鮮明。

明 執壺

高十・五厘米

日本橫濱藏家遞藏

這件龍泉瓷壺，拙中見巧，
壺身沉穩，氣度不凡。
壺流直愣愣幾分拙趣，
壺把如耳，把之趁手。

青瓷茶壺罕見。
明以前，壺或酒壺或水壺，少用以泡茶。
明後紫砂大興，搶去瓷壺風頭。
古時瓷壺或有十式八式，今多不傳。
偶見一壺，常令人驚喜不已。

明 刻花多穆壺

高 三二一·五厘米

日本橫濱藏家遞藏

此壺呈截筒式，
上部有僧帽狀圍邊，
方形流，後有龍形曲柄。
釉色青翠。

多穆壺是流傳行於蒙、藏民族間的盛具。
蒙元之世，景德鎮窑業的發展承襲南宋之傳統，
在相當長的一段時間裏以燒造青白釉器皿爲主，
樞府釉與青花瓷器直至元後期方始流行，
故此在蒙元貴族日常器用方面，
青白釉瓷器一直充當着重要的角色。

「多穆」爲藏語，原意爲盛酥油的桶，亦有用作盛奶及酒。
清代許之衡《飲流齋説瓷》載：
「有一種壺形甚特別，略如直截之竹筒，
……頂略同僧帽形……名曰多穆壺，蓋内府以之盛牛乳者。」
元代的藏傳佛教盛行，使多穆壺在教徒生活中較爲流行。

此式瓷質多穆壺即由蒙、藏民族貯放酥油茶、
奶茶的金屬或木質器皿演變而來，
最早期的多穆壺是以木或其他物料製成，
需用皮帶或金屬帶箍起來，然後用金屬釘固牢，
本件雖爲瓷質，但仍保留了這一特徵，將其演變爲一種裝飾。
壺通體施青釉，釉面瑩潤。
類似器物存世珍罕，見有首都博物館所藏一例，
於一九六三年出土於北京龍潭湖北，
吕家窑村元代斡脱赤墓，可資比較。

明 刻花雙耳方形瓶

高 二三厘米

日本橫濱藏家遞藏

這件罕見的雙耳四方瓶在任何地方都很容易引起關注。
畢竟，方形瓷器本來就少，更何況還如此精彩。
倒不是古人排斥方形瓷器，
實在因爲方形瓷器的成型工藝非但與圓形瓷器迥異，
而且難度簡直是幾何級數的增加。
行内説一方頂十圓，絶不是誇張的修辭。

這件雙耳四方瓶方方正正，棱角分明。
這聽上去像是小學數學的基本要求，
但其實却是瓷器燒造最大的挑戰。
因爲四壁要分别做成四方的泥片再拼接起來，
而泥片燒造本身就不易平整，更不必説豎立起來。
於是，這看似平常的方正却體現出高超的技藝，令行家稱嘆。

但它絲毫没有炫技的企圖，衹是扎實的服務於美的需要。
瓶身的方正遠看容易顯得呆板，畢竟衹是一個平常的立方體。
於是雙耳就顯得必要而精彩。
耳也方，却是方中帶圓，位置恰當的安置在上半部，
打破了絶對的均衡。

有趣的是因爲釉的流動，雙耳下部垂釉極重如翠玉，
仿佛爲了展現釉質的特點而有意爲之。

事實上，這件龍泉青釉方瓶的釉面也非常特殊，
近看有異常豐富的氣泡，
有如古代文人品茗煮泉時對沸水的觀察與欣賞，
「蟹眼已過魚眼生」「鎗鳴沸水千珠白」。
這種釉面在龍泉窑中並不常見，也少有記述，
但却無疑開啓了永樂翠青釉的先河，成就一代名品。
將之視作工藝史上的經典而罕見樣本，毫不爲過。

與常見光素器物不同，此件極盡裝飾之能。
每個立面隔成上下兩個獨立畫面，邊框浮凸，清晰而肯定。
畫面内繪花卉，工藝也極特别，先用堆塑的手法添枝加葉，
再刻繪細節，雖然粗率，却逸筆草草，生澀而有拙趣。
與器形的硬朗重拙相映成趣。

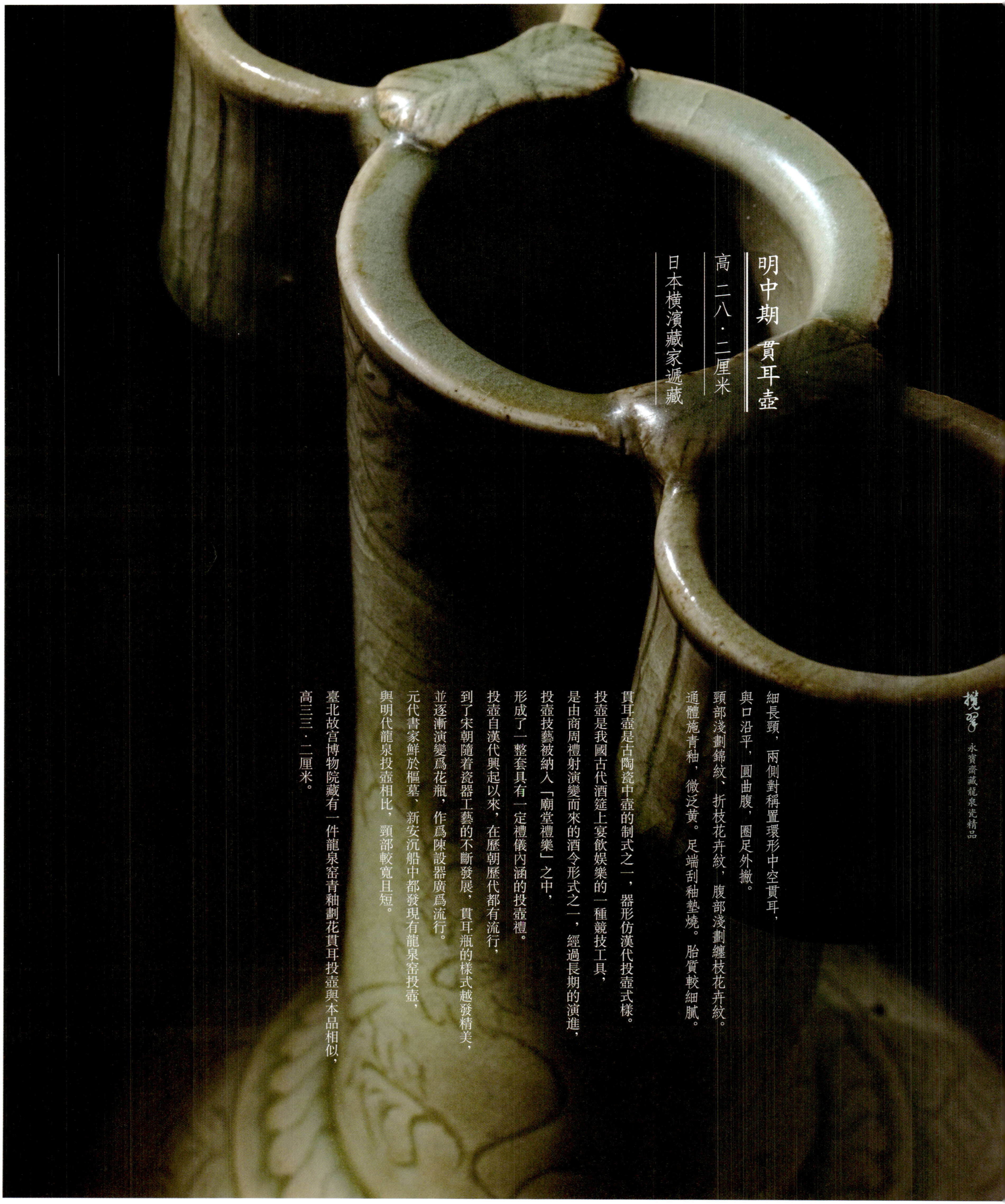

明中期 貫耳壺

高二八・二厘米

日本横濱藏家遞藏

細長頸，兩側對稱置環形中空貫耳，與口沿平，圓曲腹，圈足外撇。頸部淺劃錦紋、折枝花卉紋，腹部淺劃纏枝花卉紋。通體施青釉，微泛黃。足端刮釉墊燒。胎質較細膩。

貫耳壺是古陶瓷中壺的制式之一，器形仿漢代投壺式樣。投壺是我國古代酒筵上宴飲娛樂的一種競技工具，是由商周禮射演變而來的酒令形式之一，經過長期的演進，投壺技藝被納入「廟堂禮樂」之中，形成了一整套具有一定禮儀內涵的投壺禮。投壺自漢代興起以來，在歷朝歷代都有流行，到了宋朝隨着瓷器工藝的不斷發展，貫耳瓶的樣式越發精美，並逐漸演變爲花瓶，作爲陳設器廣爲流行。元代書家鮮於樞墓、新安沉船中都發現有龍泉窑投壺，與明代龍泉投壺相比，頸部較寬且短。臺北故宫博物院藏有一件龍泉窑青釉劃花貫耳投壺與本品相似，高三三・二厘米。

明 鏤空花插一對

高二十·五厘米

英國倫敦 Jan Van Beers 遞藏

花口折沿，矮頸，折肩，腹部呈四方形，四面鏤空，中心套接筒形內膽與瓶口相接，底部四角置折角圈足。通體施青釉，釉色瑩潤、淡雅。足端刮釉，露胎處呈現淺淡的火石紅。胎質較細膩。

明清時期人們對於插花的興趣依然興盛，新出現了很多有關插花及插花所用花瓶的專門著作，如《瓶式》《瓶花譜》《遵生八箋》等。明清時期製瓷水平進一步提升，出現了各式各樣的新式花瓶，此花插造型獨特，工藝複雜，爲明代高超製瓷技術的代表。

明中期

帶座花插

高二一·五厘米

英國倫敦佳士得拍賣會

腹呈橄欖形筒狀，鏤空透雕分爲三層，上飾卷草紋，中間爲纏枝花卉騎馬人物，下排列如蜂窩狀的六邊形圓孔。底部有基座，座外暗刻如意雲紋。

紐約佳士得二〇一一年春拍一六四八號有一件拍品與其相似，高二三·一厘米，名稱當時定爲燭臺（Candle Holder）。大英博物館有一件明代龍泉窑青釉花卉紋透雕香薰，由A.W.Franks先生捐贈，高二二·三厘米，定名爲容器（Vessel）。故宮博物院有一件明中期龍泉窑青釉鏤空纏枝花紋瓶，高十九厘米，與本品類似。另一件相似藏品見於日本和泉市紀念美術館。還有一件小號龍泉鏤空香薰，藏於日本永青文庫美術館，高十六·九厘米。龍泉大窑楓洞岩窑址在明代中期地層也有出土該器物的殘件。

一九七五年韓國漁民發現新安沉船，考古隊員從沉船裏發掘出了兩萬多件青瓷和白瓷，以及八百萬件重達二十八噸的中國銅錢。經過學者考證，新安沉船是十四世紀早期大約在一三二三年前後，從中國的慶元（今寧波）出發前往日本的國際貿易商船。新安沉船出水瓷器有60%是龍泉窑瓷器，種類非常豐富，其中就有龍泉鏤空香薰殘片，並且出水了較爲完整的六方形銅製鏤空香薰。

明早期
官器鏤空繡墩

高 六二厘米

美國紐約 Chinese Porcelain Co,Ltd. 遞藏

繡墩呈鼓形，兩端略斂中腹突出，平頂略圓，肩處有外覆狀的接痕，接痕處貼飾釘狀邊飾一圈。通體施青釉，釉色光亮。全器刻花爲飾，頂面刻斜格錦地紋。器身上段陰刻纏枝蓮紋，下腹亦以一周鼓釘爲界，淺刻團花紋。中腹鏤空雕獅子戲球紋，獅子憨態可掬。獅子旁透雕纏枝牡丹紋，花朵碩大端麗，紋飾清晰工整。足端刮釉墊燒，呈現火石紅。胎質較細膩。相同器物見故宮博物院藏龍泉窑青釉鏤空獅子花卉紋繡墩，高四二厘米。

明 八卦鼓釘內露胎
花卉紋三足爐

口徑 三一・五厘米

此件體形碩大，造型雄渾威武。爐身如扁鼓，鼓釘顆顆頂出，下腹凸雕八卦紋，三足作獸首，極力外張，如頂巨石，顯出威猛與力量。內部的裝飾却不逞强，模印花卉紋，無釉，露鐵胎。細看有「延陵」二字，爲古邑名，大約在今常州、江陰一帶。底部同樣露胎，因以墊燒工藝，三足得以懸起，滿釉。

明 海水江崖三足爐

口徑 二三・五厘米

爐身上寬下斂，脛部貼三蹄形足，外撇。器底外凸，底部中央圓形鏤空並向外突出，呈圈形底，底圈觸地實際支持全器。外壁刻劃福山壽海圖，爲明代常見裝飾題材。刮釉墊燒。胎質較細膩。

明中期

花卉紋四方香盒

高 六·四厘米

日本東京 Ikeada 遞藏

盒雖小巧，頓在那裏，
却似有千鈞之力。

小盒處處顯出生澀與重拙：
比如蓋邊，像是吴昌碩敲出的殘邊，
雖殘，却飽含金石氣，
釉色的變化更配合得天衣無縫；
又如盒上花卉，連枝葉都棱角分明；
而形體雖小，却有如銅器，
方正中有種硬生生的力量。
精巧易於欣賞，重拙却更爲難得。

明 方形提梁水桶

高 十厘米

日本東京大島古美術遞藏

此爲茶道用具，造型爲方桶，桶體光素，極盡大道至簡之風。繩紋提梁則表現出質樸而自然的審美情趣。通體施青釉，釉色青翠欲滴，釉質瑩潤。原主人爲其定製了漆器蓋，可見對此物的愛護。

明初 人物船形擺件

高 十三·五厘米

英國倫敦佳士得拍賣會

整體呈船形，內塑端坐人物造型，船沿刻一周不連續回紋邊飾。通體施青釉，釉色青翠、光亮，底部露胎，呈濃艷的火石紅。胎質較細膩。

回紋，又稱回字紋。是被中國民間稱爲富貴不斷頭的一種紋樣。它是由古代陶器和青銅器上的雷紋衍化來的幾何紋樣，因是由橫竪短綫折繞組成的方形或圓形的回環狀花紋，形如「回」字，所以稱作回紋。

明 永樂官器

鏤空燭臺

高 二二．五厘米

日本東京 Ikeada 遞藏

此燭臺造型少見，通體施青釉，釉水光亮，青翠欲滴。整體分上下兩部分，上半部分爲荷葉形承托，用以承接燭痕；下半部分爲鏤空圈足，造型高挑，刻劃垂葉紋及錢文。足端刮釉，上半部分外底處可見墊燒痕。胎質較細膩。

明 盏托

口徑 十五厘米

日本薰隆堂遞藏

攬翠
永寶齋藏龍泉瓷精品

後記

翟凱東

我出生時，父母就在從事古董行業。小時候，每天看到的都是一些碗呀、盤呀，還有各式各樣的瓶瓶罐罐。大約小學一二年級時，我就能分辨青花、鬥彩、單色釉等林林總總的瓷器了。

永寶齋是我父母在一九八八年創辦的，名字出自母親。她說「永寶」有兩個意思，一是告訴客人，我們講信用，「永寶齋」賣出的藏品永遠都是寶貝。二是借用古代青銅器上「子子孫孫永寶之」的銘文，希望從這裏走出去的藏品得以世代流傳。

對於龍泉瓷，我起初并没有什麽感覺，覺得它們釉色上比較單一，裝飾上也不如明清瓷那般細膩精美。所以每當父親又收藏到一件龍泉瓷，笑得合不攏嘴時，我都非常不理解，甚至有些怨氣，因爲這意味着我又多了一份工作：

父親的藏品都存放在香港永寶齋樓上的倉庫裏。香港氣候悶熱，倉庫潮濕非常，角落還有很多蜘蛛網，那些帶有日本老盒的龍泉瓷就顯得尤爲不好打理。有的因爲年代久遠，綁盒的繩子早已斷掉；有的因爲倉庫潮濕，盒子老早腐爛了。每一件器物拆出來再收回去，都要小心翼翼，格外留神。

父親經常到世界各地出差，他的寶貝就需要我去保護，需要我去整理。那些老包裝雖然又殘又舊，可畢竟流傳了上百載，甚至幾百年，同樣是十分珍貴的。我雖然情有不願，但也不想它們毁在自己手上，衹好耐着性子一件一件收拾。斷掉的繩子需要重新配好，破損的盒子需要精心修復。更麻煩的是倉庫樓上一家漏水，錦盒沾水後都發霉了，既要清理乾净，還要盡可能保持原貌，着實得花費一番時間心思。

隨着父親收藏的龍泉青瓷越來越多，我的整理工作也越來越繁重。不過日復一日的接觸後，我也逐漸發現了個中樂趣。透過這些器物，我看到宋朝到明代的演變。不同的朝代，造型、顔色各不相同。深究其因，就能了解到背後隱藏的社會風貌、審美情趣，乃至戰爭、貿易等諸般歷史知識。收藏是玩，同時也是一個學習的過程。邊玩邊學，實爲美事一樁。

經過四十多年的收藏，龍泉青瓷已經成爲父親藏品中很重要的一個系列。此書百餘器物，是他從四百多件中甄選出來的，或因其釉色瑩潤，或因其綫條優美，或因其造型獨特，再或者，只因其可遇不可求。

不過本來收進書中的，並不衹是這百餘件，而是百餘件加一。那是我們父子倆在英倫遇上的一件雅器，造型毫不花巧，却在簡潔的綫條中隱露出絲絲古韵。即使把各地博物館的近例統統算上，全球也没有幾件。

如此佳瓷，我們自是珍而重之。然而就在修書之時，它却突然杳無踪影。究竟是給人偷走了，還是遭意外打破了？還是其實它躲了起來，就在那已經不再潮濕的倉庫中，萬計盒子的其中一個裏頭？

收藏就像人生，若説都無悔，那是賭氣的話。「有燈就有人」，或許到我也著書記録自己的收藏的一日，便是與它久別重逢的一天。

書成之時，我謹代表永寶齋感謝所有幫助過我們的人。

首先，得感謝諸位香港老藏家和日本與歐美同行，是他們應許轉讓，甚至忍痛割愛，纔匯集出如此豐富的龍泉佳瓷；此外，還有多年來一直支持我們的各家拍賣行，他們琳琅滿目的拍品，是永寶齋龍泉青瓷的重要來源之一。

同時，北京大學秦大樹教授給予了非常多的指導與關愛。盛夏酷暑之際，秦教授親臨北京永寶齋，評審器物年代、傳授理論知識，並對此書提出了十分珍貴的意見。

本書所有編委都極其負責，項坤鵬、董紅軍、袁建、朱光霽幾位老師均非常認真地對待編撰工作。設計師一朋老師、攝影師王梓川、楠子也是十分用心謹慎。還有，香港永寶齋梁家安、陳幸妍、鄒灝欣、Maggie 姨，值點網鄭子滔，北京永寶齋肖騫、曾誠臣、段佳麗、徐凱亮等同仁都爲此書貢獻許多，這裏就不一一致謝了。

結束之際，父親特别强調，要感謝他的師父黄應豪先生，因爲是他引領父親走進古董行業。在此，對我的這位師公致以最誠摯的謝意。

此書出版後，永寶齋還將舉辦系列講座、展覽等活動，歡迎大家蒞臨指教，也衷心希望越來越多朋友由此喜歡上龍泉青瓷，領略到個中蘊含的沉静之美，繼而愛上中國陶瓷，愛上中國傳統文化。

書中若有瑕疵，望諸位原宥。

二〇二三年三月六日　書於北京永寶齋